Grüße von anno dazumal

Engelskirchen, Ründeroth und Umgebung auf alten Ansichtkarten

Dr. Gero Karthaus

Hartmut Neuhoff

Nümbrecht 2001

Die Herausgabe des Buches wurde freundlicherweise unterstützt von:

- Architekturbüro Ralf Rother
- Dörrenberg Edelstahl GmbH
- Siegfried Schumacher GmbH
- Stein GmbH & Co. KG, VW/Audi-Partner
- Verein zur Förderung gemeinnütziger Zwecke Engelskirchen e.V.
- Volksbank Oberberg eG

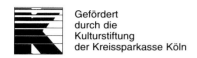

Gefördert durch die Kulturstiftung der Kreissparkasse Köln

Herausgeber	Dr. Gero Karthaus Pommernstraße 9 51766 Engelskirchen
Copyright 2001	Martina Galunder-Verlag Alte Ziegelei 22 51588 Nümbrecht-Elsenroth Telefon: 0 22 93 / 90 98 73 Telefax: 0 22 93 / 90 98 74 Email: rgalunder@Martina-Galunder-Verlag.de
Konzeption/Redaktion:	Dr. Gero Karthaus, Hartmut Neuhoff
Layout und Herstellung:	Druck + Service Plochingen
ISBN:	3-931251-93-4

Das Werk ist urheberrechtlich geschützt. Die dadurch begründeten Rechte, insbesondere der Übersetzung, des Nachdrucks, der Entnahme von Abbildungen, der Funksendung, der Wiedergabe auf fotomechanischem oder ähnlichem Wege und der Speicherung in Datenverarbeitungsanlagen bleiben, auch bei nur auszugsweiser Verwertung, vorbehalten.

Inhaltsverzeichnis

Von Ehreshoven bis Oesinghausen: Eine Reise durch das Aggertal 9

Staat 9

Ehreshoven 10

Loope 12

Engelskirchen 21

Rommersberg 49

Blumenau 49

Miebach/Hardt 51

Kaltenbach 59

Daxborn 63

Haus Ley 63

Bellingroth 64

Haus Leppe 65

Schnellenbach 65

Müllensiefen 68

Ründeroth 69

Wiehlmünden 94

Bickenbach 96

Papiermühle 100

Neuremscheid 101

Remerscheid 102

Wallefeld 103

Hahn 106

Wahlscheid 106

Dörrenberg 107

Osberghausen 107

Oesinghausen 110

VORWORT

Mit der Erfindung der Fotografie Mitte des 19. Jahrhunderts wurde es erstmals möglich, der Nachwelt ein wertfreies, unverändertes Bild von Menschen, Objekten und Landschaften zu erhalten. Während im privaten Bereich vorwiegend Personenfotos gefertigt wurden, begannen kurz vor der Jahrhundertwende die Dorffotografen und kleine Verlage Postkarten mit Aufnahmen von Ortschaften, Dorfwinkeln oder von besonderen Gebäuden herzustellen. Diese „in alle Welt" verschickten Ansichtskarten sind heute faszinierende und wertvolle historische Dokumente, die uns Einblick in das Leben unserer Vorfahren und die Entwicklung unserer Dörfer geben.

Nach langjähriger und aufwendiger Sammeltätigkeit sowie begleitender historischer Recherche konnten nun die interessantesten und schönsten Ansichtskarten von Engelskirchen, Ründeroth und Umgebung zusammengetragen werden. Sie decken einen Zeitraum von 1896 bis 1945 ab. Sie alle haben gemeinsam, dass sie an längst vergessene Gebäude und Dorfsituationen, inzwischen veränderte Straßen und Wege, an verschwundene Gärten und Parks, aber auch an die Menschen der damaligen Zeit erinnern. Kurz: Sie machen den Wandel unserer Heimat bildlich erlebbar. Es ist oftmals erstaunlich, wie es vor der eigenen Haustür früher ausgesehen hat!

Ein gemeinsames Anliegen von uns ist es, mit diesem Buch Interesse an der Vergangenheit, an der Gegenwart sowie an der Zukunft unserer Ortschaften zu wecken. Es wäre viel erreicht, wenn aus der Kenntnis der vielfältigen, aber unverwechselbaren baulichen, gewerblichen und kulturellen Dorfvergangenheit Verantwortung für die weitere Entwicklung unserer Dörfer entsteht. Wichtig war es uns auch, dass erstmals ein Buch den ganzen heutigen Gemeindebereich gleichberechtigt umfasst.

Bewusst wurde auf lange Texte bei der Erläuterung der Abbildungen verzichtet und nur die wichtigsten Zeitbezüge oder besondere Hintergründe aufgeführt. Dabei waren uns ebenfalls der „Lebenslauf" einer Karte oder gestalterische Aspekte von Bedeutung.

Wir danken allen, die uns bei der Erstellung und der Herausgabe dieses Buches unterstützt haben. Dies sind insbesondere die Sponsoren und Firmen, die das finanzielle Risiko der Herausgabe dieses Buches tragbar gemacht haben sowie die Personen, die uns wertvolle zeitgeschichtliche Hinweise und Erläuterungen zukommen ließen. Hierbei gebührt unser besonderer Dank den Herren Bernhard Bauer, Hans-Otto Müller, Klaus Niebel, Peter Ruland, Jörg Deselaers, Heinrich und Karl Heinz Lüdenbach sowie Dr. Thomas Schleper. Für die angenehme Zusammenarbeit danken wir nicht zuletzt dem Martina Galunder-Verlag.

Dr. Gero Karthaus	*Hartmut Neuhoff*
Ründeroth, 2001	*Engelskirchen, 2001*

Wissenswertes über alte Ansichtskarten

Vom 01.07.1870 an hatte der Generalpostmeister des Norddeutschen Bundes, Heinrich von Stephan, die „Correspondenzpostkarten" erlaubt. Im selben Jahr erschien schon eine Karte mit einem Artilleriebildchen. 1872 setzte die Reichspost die Gebühren für die Karten im Vergleich zum Brief stark herunter. Lithografie (Steindruck) und Fotografie waren für die Herstellung der Ansichtskarten die wichtigsten Erfindungen. Um 1880 gab es bereits einfarbige Ansichtskarten von 70 deutschen Städten. Die Karten wurden immer beliebter, denn sie waren billig und man konnte in Wort und Bild Informationen austauschen. In den Eisenbahnen, deren Verkehrsnetz sich immer mehr vergrößerte, setzte man Postwagen ein, in denen die Karten mit Bahnpoststempeln versehen wurden.

Schon vor 1900 stellten sich kleinere Orte mit ihren landschaftlichen Reizen und anderen Sehenswürdigkeiten vor. Es gab mittlerweile farbige, aufwendig gestaltete Steindruckkarten mit dem Aufdruck: „Gruß aus....". Neben den Gesamtansichten des Ortes stellte man zusätzlich Ortsteile, besondere Gebäude, Ereignisse usw. dar.

Die ältesten künstlerischen Steindruckkarten in diesem Buch stammen von 1896. In Engelskirchen wurden die Lithografien von dem Steindrucker Robert Schallert und dem Kaufmann Josef Hubert Offermann herausgegeben, in Ründeroth von Wilhelm Hommer und dem Kaufmann Friedrich Riese. Die ältesten hier vorgestellten fotografischen Ansichten befinden sich auf Karten mit dem Stempel von 1899. Bis Januar 1905 durfte man nur die Ansichtsseite der Karte beschreiben, die Rückseite war nicht unterteilt und für die Adresse vorgesehen. Die technische Vielfalt der Karten nahm weiter zu (Präge-, Klappkarten u. v. m.) genauso wie die ständig wechselnden Motive (Werbekarten für Gasthöfe, Industrieanlagen, Vereine, Künstler usw.). Neben der Zahl der Kartenschreiber vergrößerte sich die Zahl der Sammler, die nicht nur die Ansicht, sondern auch die Briefmarke, den Stempel und den Text sehr interessant fanden.

Die heutigen Ansichtskarten sind leider nur noch Massenware. Sie können sich mit der Originalität und Attraktivität der historischen Karten, die durch Qualität der Fertigung (teilweise noch Handarbeit) und Vielfalt der Motive entstand, nicht mehr messen.

Von Ehreshoven bis Oesinghausen:
Eine Reise durch das Aggertal

Staat

Das Forsthaus Oberstaat von Schloss Ehreshoven mit Oberförster Göttler und Hund um 1930. Auf der Rückseite der Karte wird mit einem Aufdruck für die 1928 entstandene Privat-Pension „Bergische Schweiz" in der Nähe geworben, wo man ein Wochenende bei „bester Verpflegung und mäßigen Preisen" verbringen konnte.

Schon 1935 (Poststempel) ist das Waldcafé und Pension „Bergische Schweiz" des Josef Göttler in Staat gut besucht. Die zahlreichen Gäste genießen die beeindruckende Gartenanlage und den Ausblick. Oldtimerliebhaber hätten heute ihre Freude an den geparkten Automodellen.

Ehreshoven

Die 1899 verschickte Ansichtskarte von Ehreshoven zeigt vier Gebäude, die heute alle noch existieren. Oben links Schloss Ehreshoven, das bis 1920 Adelssitz der Familie von Nesselrode war und heute das Damenstift der Rheinischen Ritterschaft beherbergt. Die Mühle (unten) dient inzwischen Wohnzwecken. In der Mitte ist der malerische Ehreshovener Bahnhof abgebildet und rechts oben sind neben dem damaligen Restaurant Müller der Wassergraben und Gebäude des im 2. Weltkrieg zerstörten Ehreshovener Hammers zu erkennen.

Blick über Wassergraben und Toreinfahrt von Schloss Ehreshoven auf den westlichen Teil der Vorburg, etwa 1928. Nach dem Krieg befanden sich hier u.a. eine Schmiede und eine Schreinerei. Seit der Restaurierung 1994 haben in diesem Trakt die Malteser Akademie und eine Moderationsakademie für Medien und Wirtschaft ihren Sitz. Außerdem ist dort ein Archivdepot der Vereinigten Adelsarchive im Rheinland e.V. untergebracht.

Die mit einem Bahnpoststempel des Zuges „Cöln-Bergneustadt" am 10. April 1902 versehene Karte zeigt das um 1280 erstmalig als Lehen der Abtei Siegburg erwähnte Schloss Ehreshoven. Die zur Zeit der Aufnahme verputzte Fassade wurde am Herrenhaus 1987 – 90 wieder hergestellt, nachdem zwischenzeitlich das Mauerwerk frei lag. Die Gastwirtschaft Potthast (vormals Müller) war Teil des Ehreshovener Gutshofs und wurde erst vor kurzem mit den Nebengebäuden zu einem bundesweiten Zentrum der Malteser ausgebaut.

Diese Ansichtskarte von der Blei- und Zinkerzgrube Castor zeigt auf der Rückseite überraschend den Aufdruck „Herzlichen Glückwunsch". Der letzte Obersteiger Franz verschickte sie zum Jahreswechsel 1914/15. Die über die Agger führende Hängebrücke, um 1860 erbaut und zuletzt 1996 grundlegend renoviert, erinnert zusammen mit den Halden und Gebäuden an eine bewegte Bergbaugeschichte. Auf Initiative des Looper Bürgervereins wurde die Brücke vor dem Abriss gerettet und restauriert.

Loope

Eine Wandergruppe verschickte am 15.05.1913 diese 4-teilige Grußkarte. Neben dem Reiseziel Schloss Ehreshoven werden zwei Looper Gasthöfe (unten) vorgestellt. Links der Gasthof Wacker (später Lenz), rechts das Gasthaus Schmidt (später Halbe) neben dem Flachbau. Die Waldpartie bei Loope könnte am Wege nach Bliesenbach nahe dem Abzweig Lützenbach liegen.

Bis auf das mittlere Kleinbild von Loope steht die Agger hier im Mittelpunkt, besonders die Anlagen des damaligen Kreiselektrizitätswerkes. Neben der Stromgewinnung wurde vor allem das Looper Staubecken (Ehreshoven I, Bauzeit 1930-32) für den Wassersport genutzt. Auf einer seltenen Ansicht (unten rechts) sieht man den Zulauf zur Stauanlage Ehreshoven II. Sie wurde 1931-33 erbaut und hat mit 324000 cbm das größte Fassungsvermögen der Aggerstaustufen um Engelskirchen.

Loope als Fachwerkidyll um die Jahrhundertwende. Die Restauration Wacker mit Nebengebäude erkennt man auf dem oberen Foto rechts hinter der Steinbrücke. Das schöne Fachwerkgebäude mit Bruchsteinsockel wurde zwischen 1830 und 1840 erbaut und kam in den 40-er Jahren durch eine Versteigerung in den Besitz von Schloss Ehreshoven. Die damalige Cöln-Olper-Chaussee, die heutige B 55, machte an dieser Stelle einen verkehrstechnisch ungünstigen, rechtwinkligen Schwenk.

Ein englischer Besatzungssoldat schreibt im Januar 1919 auf dieser mit englischem Feldpost- und Zensurstempel versehenen Ansichtskarte in seine Heimat, dass er in der Schule von Loope einquartiert sei. Die Schule wurde 1846 und die Kirche daneben 1907 errichtet. Auf dem oberen Bild macht gerade ein Pferdegespann vor dem Gasthof Wacker Halt (ab 1927 Gasthaus Schloss Ehreshoven mit Pächter Theodor Lenz).

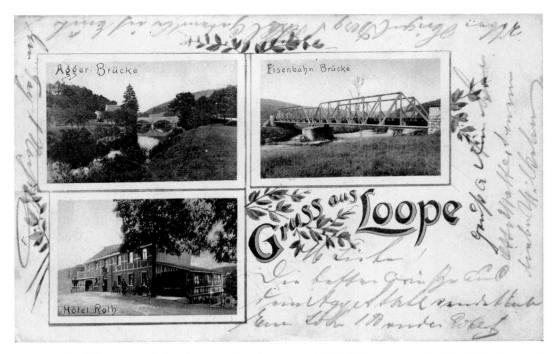

Diese verzierte Mehrbildkarte wurde im Postamt Ehreshoven am 07.07.1900 gestempelt. Die 1830 eingeweihte Straßenbrücke über die Agger wurde bei einem Bombenangriff im Februar 1945 beschädigt und kurz vor dem Einmarsch der Amerikaner gesprengt. Die Eisenbahnbrücke mußte nach der Jahrhundertwende bei der Verlegung der Eisenbahntrasse einer Neukonstruktion weichen. Unten erblickt man das Hotel Roth, später Rödder, mit Anbau aus der seltenen westlichen Sicht.

„Von einer sehr fidelen Kutschtour senden viele Grüße..." so lautet der Text dieser Karte, die im März 1916 nach Köln geschickt wurde. Bei dieser Nachricht und dem Blick auf Pferdekutsche, Fahrradfahrer und den vor dem Hotel Rödder posierenden Personen denkt man kaum an die schlimme Zeit mitten im 1. Weltkrieg.

Loope gehörte früher postalisch zu Ehreshoven und bekam auch später erst einen „Haltepunkt" an der Aggertalbahn. Das Foto zeigt auf dem gegenüberliegenden Aggerhang die Ortschaft Perdt. Ab 1949 setzte links davon auf den Freiflächen ein reger Siedlungsbau ein, beginnend mit dem „Theresienhof", einem Projekt des sozialen Wohnungsbaus.

Das stattliche Gebäude auf der Gegenseite der Aggertalstraße ist die Pension und das Erholungsheim „Kurhotel" von Heinrich Halbe. In dem langgestreckten Nebengebäude betrieb er dazu noch bis 1936 eine Strumpffabrik (später Drux Spiralbohrer). Rechts von der Pension ist die St. Rochus Kapelle zu erkennen. Daneben sieht man auf dieser Karte kurz nach dem 1. Weltkrieg an der Straße das heutige Haus Rottländer, früher Bäckerei Euler mit Poststelle, die von Jakob Wester geleitet wurde.

Dieses alte Foto von Loope um 1906 besticht durch eine für diese Zeit seltene Qualität. Nicht nur der Vordergrund mit den Bereichen Insel und Hof sowie die Häuser rechts von der Bliesenbacher Straße sind genau zu erkennen, sondern auch der Hintergrund mit der Schule, der Eisenbahnstrecke und sogar das Gebäude an der Straße nach Hintersteimel. Das Kolonial- und Gemischtwarengeschäft des Christian Miebach befand sich im Looper Hof. Das Gebäude steht auch heute noch.

Es gibt drei Varianten dieser romantischen Weihnachtskarte von Loope mit verschiedenen Ansichten vom Restaurant Schloss Ehreshoven um 1940. Auf der Rückseite findet man den interessanten Aufdruck „Loope: Deutschlands größter Weihnachtsbaum." Leider konnte man sich nicht lange an dieser Besonderheit erfreuen. Bei einem Unwetter brach der Baum in der Mitte durch.

Loope bei Ehreshoven

Die schönen Fachwerkhäuser mit dem Giebel zur Agger sind das Gasthaus und der Kaisersaal des Josef Fries. Der Saal, 1900 erbaut, wurde vielseitig genutzt (z.B. Feste des Schützenvereins, Übungssaal für die Turner, sogar zum Gottesdienst). 1956 mußte er aus Sicherheitsgründen geschlossen werden.

Haltepunkt LOOPE im Aggerthal (Luftkurort) – Gastwirtschaft „Unter den Linden" Peter Stiefelhagen

Der „Luftkurort" Loope ist zur Dampflokomotivenzeit erst seit 1911 „Haltepunkt der Aggertalbahn" (Ehreshoven als Station schon 1884). Wie in Vilkerath hält der Zug an einer Gastwirtschaft. Der Wirt hatte mit der Fahrkartenausgabe ein Zusatzgeschäft. Noch heute ist im Hubertushof Becker das Ausgabefenster an der Hauswand zu erkennen.

Die Blei- und Zinkerzgrube Bliesenbach am Ende des des 1. Weltkriegs. Unglaublich, dass es in dem Waldtälchen einmal so ausgesehen hat. Der gestufte Gebäudekomplex diente der Aufbereitung der Erze. Im 1. Weltkrieg wurde der Grubenbetrieb mit Kriegsgefangenen aufrechterhalten. Auch sonst waren neben Einheimischen und Siegerländern zusätzlich Italiener angestellt. In der Blütezeit umfasste die Belegschaft bis zu 600 Arbeiter.

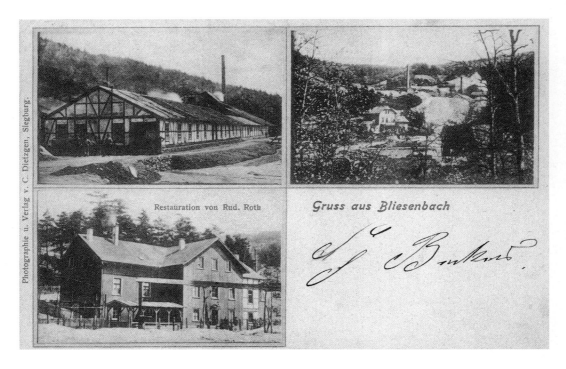

Die drei Bilder zeigen den Zustand der Grube Bliesenbach um 1900. Das geförderte Erz wurde auf einer Lorenbahn von Pferden nach Loope gezogen. Auf dem rechten Bild erkennt man unterhalb der Halde das alte Steigerhaus, das wie die „Menage" (Bergmannsheim, hier Restauration) noch bis in die 50-er Jahre bewohnt war.

Diese mehrteilige Buntlithografie wurde am 21.08.1900 nach Paris verschickt. Die Grube Bliesenbach, mit ihren Anfängen ins Mittelalter zurückgehend, hatte zwischen 1890 und der Jahrhundertwende ihre Blütezeit. Nach einem Grubenbrand im Jahre 1909 war der Grubenbetrieb erst drei Jahre später wieder in vollem Gange. 1926 wurde der Untertagebetrieb eingestellt und 1983 die letzten Bergwerksanlagen gesprengt. Das Direktionshaus auf dem unteren Bild stand in Engelskirchen und wurde von der Bevölkerung „Glück auf Haus" genannt.

Vom Hang bei Schelmerath (heute nahe der Autobahn) schaut man auf Loope, Perdt und Broich. Im Vordergrund erkennt man noch das ursprüngliche Heutrocknungsverfahren mit Heuböcken und Heukotten. Auf dieser Karte berichtet ein englischer Besatzungssoldat 1918 von seiner Einquartierung in Loope.

Das „Gasthaus zur Linde" von Josef Fries mit den schönen Gartenanlagen ist auch für alte Looper aus dieser Seitenansicht schwer zu erkennen. Nur die Linde links auf dem Bild zur Aggerseite hin macht einen Vergleich mit dem späteren Fachwerkbau möglich. Das älteste Foto von Loope aus dem Jahr 1897 diente dieser Lithografie für die Gesamtansicht als Vorlage. Von Loope und Bliesenbach sind bisher nur vier dieser bunten Steindrucke (der älteste von 1897) aufgetaucht.

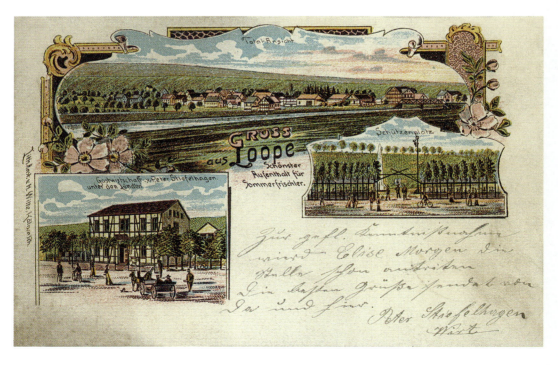

Auf dieser farbigen Lithografie der Jahrhundertwende sind neben der üblichen Gesamtansicht (dieses Mal aus einem anderen Winkel) zwei weitere Treffpunkte der Looper Bevölkerung dargestellt: die Gastwirtschaft von Peter Stiefelhagen, heute Hubertushof Becker und der ehemalige Schützenplatz des damaligen Vereins Borussia Loope, der 1897 gegründet und 1947 in St. Sebastianus Schützenbruderschaft umbenannt wurde.

Blick vor dem 2. Weltkrieg von den Höhen bei Broich in Richtung Schiffarth und Loope. Das „Wingens Haus" auf der Schiffarther Seite ist in den 60-er Jahren abgebrannt. In diesem Bereich befindet sich heute der Looper Schützenplatz. Die freie Fläche im Vordergrund an der heutigen Olpener Straße ist inzwischen mit Gewerbe und Wohnungen bebaut.

Engelskirchen

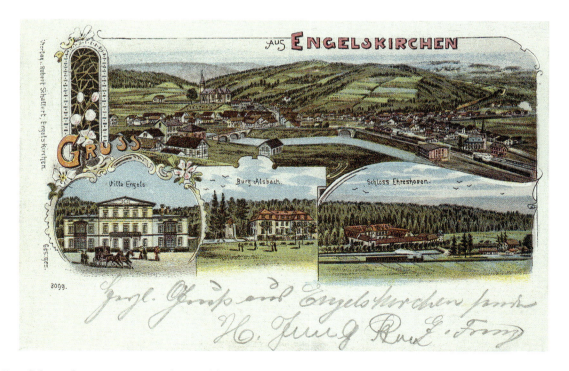

Diese Buntlithografie von 1898 mit Blumendekor zeigt neben der einladenden Gesamtansicht von Engelskirchen mit Schloss Ehreshoven und Burg Alsbach die alten Rittersitze sowie die 1855 erbaute Villa Engels. Die Besitzer dieser Häuser hatten maßgeblichen Einfluss auf die Entwicklung von Engelskirchen. Auf der Ehreshovener Ansicht erkennt man ganz rechts die Gebäude des Ehreshovener Hammers.

Diese Karte von 1911 zeigt die Vorburg mit Wirtschaftsgebäuden und das Herrenhaus des alten Rittersitzes Alsbach, 1431 erstmalig urkundlich genannt. Neben der Familie von Spee-von Lüninck (der heutigen Besitzerin) sind alten Engelskirchenern auch noch die Namen von Metternich, von Fürstenberg, von Nesselrode und von Quadt bekannt. 1896 erhielt das Haus durch den großen Umbau des Grafen Levinus von Wolff-Metternich das jetzige Aussehen.

Um 1905 war die Aggertalstraße noch wenig befahren, und man konnte es sich am rechten Straßenrand auf der Bank unter der Alsbacher Eiche am Ortseingang nach Engelskirchen gemütlich machen. 1932 wurde der mächtige Baum gefällt. Die Wiesenfläche ist noch ohne Bahndamm, da die Eisenbahn bis 1912 an der gegenüberliegenden Straßenseite vorbeifuhr.

Diese Karte von Haus Alsbach, von einer ehemaligen Besitzerin 1903 nach Berlin geschickt, fand wieder ihren Weg in die Heimat. Einer der drei Ansichten zeigt die Südseite mit der steinernen Brücke zum Eingang (oben links). Darunter ist leider etwas undeutlich die Hoftorseite mit Vorburg zu erkennen. Das dritte Foto (oben rechts) zeigt das vom Wasser umgebene Haus, mit einem Teil der Wirtschaftsgebäude von der Waldseite. Diese seltene Ansicht umfasst auch den ältesten Hausteil im linken Gebäudebereich, der an den unterschiedlichen Fenstergrößen erkennbar ist.

1930 sieht man vom Stürzenberg über den Gemeindefriedhof auf die große Aggerschleife unterhalb von Steeg, wo heute die Aggerstaustufe beginnt. Weiter geht der Blick über Albertsthal und Ohl in Richtung Grünscheid.

1911 schaut man vom Steeger Berg auf die Aggeraue und die Bebauung des Unterdorfs entlang der Aggertal-Chaussee. Am Hang die 1903 eröffnete katholische Schule und die Kirche. Neben dem ehemaligen Rathaus (ganz links) fällt 3 Häuser weiter nach rechts auf derselben Straßenseite ein zweistöckiges Doppelwohnhaus auf, das die Firma Engels 1888/89 für ihre Arbeiter baute. Im Vordergrund wird die gesamte Fläche bis zur Agger hin von den Nutzgärten der Engelskirchener eingenommen.

Ein Blick um 1907 von der Aggerbrücke zur katholischen Kirche, zur Schule und in Richtung auf das Kirchengut am Stürzenberg. Heute ist dieser Ortsteil von Engelskirchen ein bevorzugter Wohnbereich. Wenn die Agger wenig Wasser führte, wurden die Wiesen am Rande zum Bleichen der Wäsche benutzt.

Von dem Fabrikgelände der Firma Ermen und Engels aus blickt man 1910 auf die Agger, die weiträumigen Gleisanlagen auf dem aufgeschütteten Bahngelände und die damals noch weitgehend unbebauten Flächen auf dem Steeg und darüber am Stürzenberg. Das alte Pfarrhaus auf dem Stürzenberg (das mittlere von den drei Gebäuden oben links) ist 1693 erbaut worden. Heute ist es, wie das langgestreckte um 1700 erbaute alte Pächterhaus (ein Fachwerkhaus, links davon), in Privatbesitz und dient reinen Wohnzwecken.

Auch um 1933 ist der Bereich unterhalb des alten Pfarrhauses (heute Wohnhaus Neifer) in Richtung Gemeindefriedhof noch nicht bebaut. An der Aggertalstraße fällt neben dem ehemaligen Rathaus in Richtung Loope der Neubau des Dr. Lorenz auf (heute Besitz Kaltenbach). Auf dem Steeg erkennt man die größten Veränderungen. Im Bereich Steeger Garten und der benachbarten Hindenburg- und Lindenpfuhlstraße hat eine rege Bautätigkeit begonnen. Am Aggerufer ist man damit wegen des häufigen Hochwassers noch etwas zurückhaltender.

Um 1902 sieht man als Nahaufnahme die Bebauung an der Steeger Straße hinter der Steinbrücke. Rechts steht das zweigeschossige Gebäude für die Bediensteten der Aggertalbahn (mittlerweile abgerissen). Gegenüber das auffallende Haus des Zahntechnikers Erwin Bosbach, weiter nach links mit dunkler Fassade Haus Bungartz. Die beiden Häuser sowie die Fachwerkbauten dahinter existieren auch heute noch.

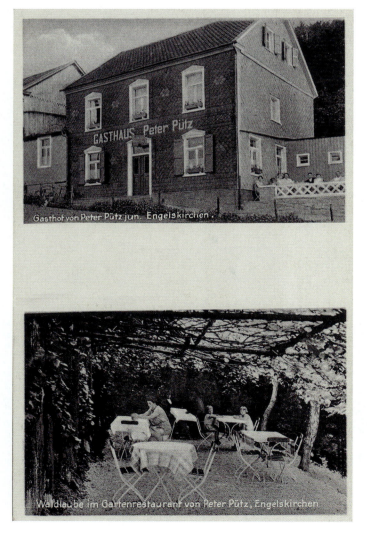

1931 (Poststempel) stellt sich auf dem Steeg mit dieser Karte der Gasthof von Peter Pütz junior mit Gartenrestauration vor. Neben dem üblichen Angebot weist der Gastwirt auf „täglich frische Milch aus eigener Landwirtschaft" hin. Das Gasthaus wurde zuletzt von der Familie Lach geführt, heute dient es nur noch Wohnzwecken. Interessant ist auch folgender Aufdruck auf der Kartenrückseite: „Engelskirchen-Steeg Luftkurort im Oberbergischen".

Diese Aussicht vom Schalken auf die Gebäude an der Straße, auf die Agger mit Steinbrücke und den Ortsteil Steeg mit der ursprünglichen Bebauung stammt aus den Jahren 1903/1904. Das älteste Haus auf dem Steeg ist als langgestrecktes Fachwerkgebäude links mit dunklem Stall zu erkennen. Die Wohn- und Geschäftshäuser Offermann im Vordergrund sowie die Parkanlagen und der Gasthof Wilhelm Kenntemich mit Saal (1917 abgebrannt) haben nach dem Krieg moderner Gewerbebebauung Platz gemacht.

Vom Ortsteil Stiefelhagen, der heute offiziell „Obersteeg" heißt, gibt es auf Postkarten nur Fernansichten. In Steeg zweigte links von der Wirtschaft und dem Stallgebäude Pütz, später Lach (zwei Gebäude mit dunkler Ansicht an der Steeger-Berg-Straße) der alte Weg nach Stiefelhagen ab. Als diese Karte 1915 verschickt wurde, gab es auf dem Steeg noch eine „Ziegenbockstation", die sich in dem kleinen hellen Haus hinter dem Abzweig „neuer Weg" an der Lindenpfuhlstraße befand.

Das Foto vom Unterdorf um 1903 ist auf dieser Karte sehr ausdrucksvoll und aufwendig eingerahmt. Da man auf der gesamten Kartenrückseite bis Januar 1905 nur die Adresse aufschreiben durfte, wurden Mitteilungen neben dem Bild untergebracht. Der auf dem Foto dargestellte Bereich des Unterdorfes ist der Ursprungskern von Engelskirchen, der wahrscheinlich aus der Richtung des Höhenweges (Burger Weg) links neben der katholischen Kirche zuerst besiedelt wurde.

Um 1908 geht der Blick vom Steeger Berg Richtung Aggerbrücke, Unterdorf und Horpetal. Im Vordergrund das Haus Wilhelm Miebach. Auf dem kleinen Foto erblickt man das langgestreckte Gebäude der Gastwirtschaft und Metzgerei des Johann (später Emil) Stiefelhagen, das am 28.03.194 beim Bombenangriff zerstört wurde. Heute steht dort ein modernes Gebäude des Autohauses Börsch, früher Lukas.

1910 sieht man das Bürgermeisteramt im Unterdorf von der seltenen Südwestseite. Eindrucksvoll ist die alleeartige Bepflanzung der Chaussee. Das St. Josef Krankenhaus in der Horpestraße präsentiert sich schon mit dem dreigeschossigen Ausbau zur Dorfseite hin. Links unten erscheint der alte Linderhof des Johann König (später „China"-Müller und Frielingsdorf) im Unterdorf. Auf dem Bild rechts unten erkennt man im Oberdorf gegenüber vom Hotel „Zur Krone" die Restauration „Zur Kleinbahn" der Familie Baumann.

Diese Karte wurde 1909 verschickt. Die Ansicht ist aber älter, denn das 1908 erbaute Rathaus ist rechts an der Aggertalstraße noch nicht zu sehen. Auf dem Kleinbild erscheint der „Bergische Hof" im Oberdorf noch als Gasthaus Peter Kenntemich. Den Engelskirchenern sind eher die späteren Wirte Baumann und Zimmermann bekannt. Heute steht hier das Postgebäude.

Die älteste bisher bekannte Ansichtskarte von Engelskirchen trägt einen Poststempel vom 26.02.1896. Meistens waren die ersten Karten eines Ortes einfarbige künstlerische Darstellungen, die ein Gesamtbild zeigten und oft eine Fotovorlage besaßen. Diese Steindrucktechnik (Lithografie) wurde noch aufwendiger, als mehrfarbige Karten (Chromolithografie) erschienen. Mit dem Blick vom beliebten Aussichtspunkt am Waldhang oberhalb der Fabrik Engels (heute Rathaus) erschienen bis 1945 immer wieder Karten, welche die zunehmende Bebauung des Ortes dokumentieren.

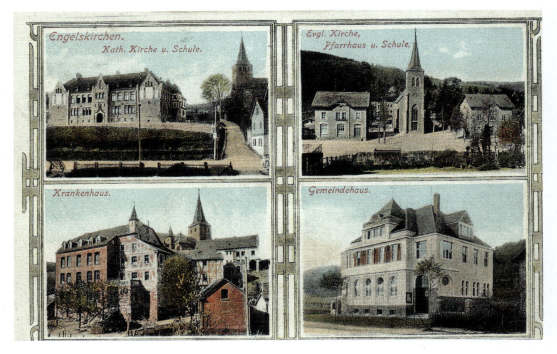

Von den um 1910 fotografierten Gebäuden sind heute nur noch diejenigen auf der rechten Seite vorhanden. Die evangelische Kirche wurde am 13.11.1867 eingeweiht, Schule und Pfarrhaus folgten wenig später. Das Gemeindehaus bzw. ehemalige Rathaus im Unterdorf stammt aus dem Jahre 1908. Die 1903 eingeweihte katholische Schule wurde beim Angriff auf Engelskirchen am 28.03.1945 schwer beschädigt. Das St. Josef Krankenhaus in der Horpestraße wurde 1978 abgerissen.

Die Husaren reiten 1905 mit Fahnenschmuck durch das Oberdorf, ein seltenes Ereignis in Engelskirchen. Eine andere Besonderheit entdeckt man rechts im Vordergrund. Die Dame mit weißem Kopftuch und weißer Schürze sowie großem Korb ist Elisabeth Scherkenbach, genannt „Stutensettchen" oder „Stutentante". Sie brachte für den Bäcker und Konditor Karl Kauert Backwaren in die Ortsteile, sogar bis Blumenau.

Blick vor 1910 auf Teile des Reckensteins (links), den Ortsteil Hardt mit dem Bergrücken „Enghardt", den Wiesenflächen rechts und links der Köln-Olpener-Chaussee und dem heute verfüllten Engels-Weiher mit Obergraben. Der Fabrikteich befindet sich noch in seinem ursprünglichen Zustand, denn die Eisenbahn wurde ab 1910 von der Chaussee auf einen Damm dorthin verlegt.

So sah es 1909 im Leppetal aus, wo heute die Sportanlagen des VfL Engelskirchen liegen. Vorne und links der Lauf der Leppe, in der Mitte parallel zur Leppestraße der Obergraben zum Lepperhammer Teich mit den Hammergebäuden. Auf einer Karte der Reichsherrschaft Gimborn – Neustadt von 1802-03 heißt der Standort noch Finken-Stab-Hammer. Im Hintergrund erkennt man mit nachcolorierten roten Flächen die Dächer in der Ortsmitte von Engelskirchen.

Eine Nahaufnahme vom Lepperhammer um 1910 zeigt Hammergebäude und Teich der Anlage, die schon im 18. Jahrhundert erwähnt wird. Arnold Bürstinghaus kaufte das Gelände Ende der 1920-er Jahre von der Firma Dörrenberg. Er verlegte 1933 seine Spiralbohrerproduktion vom Reckenstein zur Leppe. Die heutige Besitzerin mit gleicher Nutzung ist die Firma Carl Koch. Der Teich ist längst verfüllt, die Gebäude sind der modernen Fabrikanlage gewichen.

Eine Farblithografie von 1904 zeigt in der künstlerischen Darstellung die Ortsansicht von der evangelischen bis zur katholischen Kirche. Selbst der Ortsteil Rommersberg ist gut zu erkennen. Als Teilbild ist das Hotel-Restaurant Kaiserhof (Besitzer Alb. Markus, früher Hotel Guilleaume) mit geschöntem (vergrößertem) Anbau an der Leppestraße eingefügt. Der alte Kaiserhof wurde beim Angriff auf Engelskirchen zerstört. Bisher gibt es 14 verschiedene Ansichten von Engelskirchen auf den alten Steindruckkarten.

Kurz nach dem 1. Weltkrieg fällt der Blick über das Ortszentrum ins Leppetal. Rechts auf mittlerer Höhe steht der Lokschuppen der Kleinbahn Engelskirchen-Marienheide, dahinter erkennt man die Gleisführung am Hang entlang. Im Hintergrund liegt rechts von der Leppestraße das erste Schwimmbad von Engelskirchen (Mitte der 10-er Jahre gebaut). Wo heute der Hit-Markt steht, hatte die Firma Engels 1924 ein Doppelwohnhaus gebaut, das mit der hellen Front ins Auge fällt. Links daneben stehen in einer Reihe die vier älteren Arbeitshäuser von 1874 (das letzte ist noch erhalten).

Um 1908 gab der Engelskirchener Fotograf Felix Giebel eine Serie von ähnlich gestalteten Ansichtskarten mit Engelskirchener Gast- und Geschäftshäusern heraus. Das Großfoto zeigte meistens die Gesamtansicht von Engelskirchen. Auf dem kleinen Bild sieht man hier das traditionsreiche Gasthaus von Wilhelm Adolphs (heute Schieh-Schneider) in der Horpestraße. Die Kegelbahn mit Gartenanlage befand sich in der Nähe am Berghang. Nebenher betrieb man noch im Anbau hinter dem Haus eine Destillerie- und Likörfabrik.

Auf einer weiteren Kartenvariante von Felix Giebel sind um 1908 zwei auffallende Gebäude im Unterdorf dargestellt. Das Haus des Friseurs Baldus wurde 1890 erbaut. Wilhelm Baldus verkaufte neben Haar- und Hautpflegemitteln auch Ansichtskarten. Im Gasthaus Peter (später Gustav) Stiefelhagen war im linken Gebäudeteil ein Lebensmittelgeschäft untergebracht. Später führten Martha und Hermann Baldus das Gasthaus, an das sich viele Engelskirchener Sportler als Vereinslokal noch gerne erinnern. Beide Häuser wurden wegen der Verkehrsverbesserung in den 70-er Jahren abgerissen.

Ein Fachwerkidyll im Unterdorf, unterhalb der katholischen Kirche, zeigt diese Karte von 1904. Hinter dem Dach der Gaststätte Adolphs (links unten) erkennt man die Scheune Westphal (C.S.), daneben das Haus Hugo Miebach, die Häuser Josef Cremer (später Prinz), Hermann Westphal, Willi Fischer, darüber Wilhelm Meinerzhagen, Valentin Stiefelhagen und an der Kirche mit dunklem Giebel Haus Föscher. Hinter dem alten Friedhof erblickt man die katholische Schule.

Zur Kaiserzeit war es ein großes Ereignis, wenn ein Zeppelin einen Ort überflog. Von Engelskirchen gibt es jeweils Erinnerungskarten von den Überflügen des Zeppelins II in den Jahren 1912 und 1913. In der „Bergischen Wacht" vom 24.05.1912 erschien zu diesem Thema ein langer Bericht, der mit folgendem Satz endete:"Die Erinnerung an diesen Tag, wo zum ersten Male die stolzeste Errungenschaft des 20. Jahrhunderts auf technischem Gebiet unseren Ort besuchte, wird so bald nicht verblassen."

Der Wirt Hubert Heuser in der Horpestraße ließ Anfang des letzten Jahrhunderts eine besonders dekorative und lustige Karte drucken. Er verzichtet dabei auf eine Ansicht seines Gasthauses, um dafür sehr ausführlich zu informieren und die Vorzüge seines Hauses herauszustellen.

Beim Blick vom Alsbacherberg um 1910 sieht man vorne links das ehemalige Rathaus, am Hang die katholische Schule und Kirche. Die Aggertalbahn überquerte bis 1912 unterhalb vom Rathaus die Straße. Die Rückseite der Karte ist mit Werbung für Engelskirchener Restaurants und ein Café bedruckt.

Seit alter Zeit hat die Agger das Leben der Engelskirchener stark beeinflußt: positiv insbesondere als Energielieferant, negativ durch ständig wiederkehrendes Hochwasser. Es wurden dabei nicht nur einfache Holzbrücken weggespült. Am 4.11.1940 brach sogar durch die Gewalt des Wassers die mächtige Steinbrücke zum Steeg ein (1882 eingeweiht - s. unteres Bild) und musste abgerissen werden.

Diese Karte um 1905 gilt nicht nur wegen ihrer 13 Einzelbilder (auch „Potpourrikarte" genannt) als eine Besonderheit. Sie hat zudem die Form einer Hülle, in die ein Informationsheftchen über Engelskirchen mit Annoncen einheimischer Geschäfte und Gaststätten eingelegt ist. Die Bilder zeigen einen Querschnitt von repräsentativen Bauten, Ortsereignissen und Landschaftsteilen.

Die Karnevalsgesellschaft Närrische Oberberger wurde 1897 gegründet und ist bis heute sehr aktiv geblieben. Vom damaligen Elferrat sind zu erkennen: stehend li.: J. Miebach, W. Meyer, W. Manz, P. Miebach, W. Steins, A. Miebach, F. Wolf, A. König, F. Althaus. Unten von li.: E. Schiefeling, K. Eschbach.

Von dem Standort vor dem heutigen Möbelgeschäft Müller an der Bergischen Straße erhält man auf dieser Karte von 1904 gegenüber der heutigen Situation ein vollkommen anderes Bild. Alle Häuser in Richtung Oberdorf sind Neubauten gewichen. Vorne rechts mit Treppenstufen lag der Eingang zur Wirtschaft Wilhelm (später Hugo) Kenntemich mit großem Saal. Dahinter erkennt man das Geschäftshaus Offermann. Auf der anderen Straßenseite steht hinter einem stabilen Zaun das Direktionshaus der Grube Bliesenbach, Glück auf Haus genannt, das Ende der 50-er Jahre abgerissen wurde.

Das Gasthaus „Gemütliche Ecke" des Robert König stand an der Leppebrücke Richtung Unterdorf. In den 30-er Jahren präsentiert es sich mit moderner Architektur und blumengeschmückt neben dem alten Fachwerkhaus. Die beliebte Anlaufstation geselliger Engelskirchener wurde, wie viele andere Gebäude, am 19.03.1945 beim Bombenangriff zerstört.

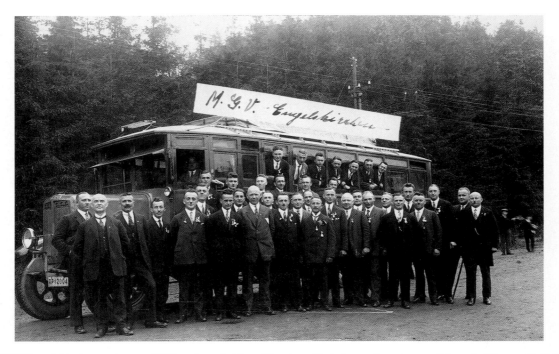

Der MGV Engelskirchen geht um 1928 auf große Tour. Vor dem Reisebus erkennt man folgende Sänger: Paul Lurz, Fritz und Emil Lange, Carl Bonner, Josef Meinerzhagen, Karl König, Peter Schröder, Johann Fahnenschmidt, Otto Kreter u. v. m. Am 20. August 1920 wurde der Verein im Sälchen von Johann König gegründet. Erster Vorsitzender wurde Paul Lurz.

1913 stellte sich auf dieser Fotokarte die 1. Fußballmannschaft von Engelskirchen im Gründungsjahr vor. Von links, obere Reihe: H. Schmidt, R. Nohl, G. Zimmermann, K. Theis, A. Miebach, J. Rottländer, H. Schlierenkamp, O. Döpper. Untere Reihe: J. Schwamborn, P. Lurz, L. Schmieden. Aus dem E.F.C. wurde 1919 der SSV und 1937 der VFL Engelskirchen.

Die älteste bisher bekannte fotografische Ansichtskarte von Engelskirchen datiert vom 24.07.1899. Im Vordergrund die Fabrik Ermen und Engels, die 1837 gegründet wurde und das 1888/89 erbaute Angestelltenwohnhaus als Fachwerkgebäude dahinter. Links davon die evangelische Kirche (1867 eingeweiht) und Schule, die erst durch Unterstützung der Familie Engels gebaut werden konnten.

Auf der gepflasterten Hauptstraße kann man um 1908 noch mangels Verkehr spazierengehen. Elektrizitätsmasten und Baumbepflanzung fallen sofort ins Auge. Die Häuserzeile links beginnt mit der Post und der Gaststätte „Zur Post" des Fritz Stiefelhagen (später Robert Keller). Hinter der Kleinbahnrestauration taucht mit Fahne das Geschäft des Franz Bockheim auf, der Lebensmittel, Baumaterialien und Kohlen verkaufte. Den Abschluß an der Leppebrücke bildet das Gemischtwarengeschäft des Josef König junior, der zu dieser Zeit auch für seine Kaffeerösterei wirbt.

Wo heute der Eingangsbereich der Kreissparkasse an der Märkischen Straße liegt, baute Christian Kauert 1900 das stattliche Hotel-Restaurant „Zur Krone". Hier zeigt sich der Besitzer um 1911 mit seiner Enkelin Else. Im 1. Stock sind Ehefrau „Lina", geb. Zapp und die jüngere Enkelin Martha zu sehen. Vorne rechts erkennt man in der Straßenpflasterung die Schienen der Kleinbahn.

Anfang der 30-er Jahre wies der Caféhausbesitzer Karl Kauert in einer Annonce mit „Wein- und Likörstube" auf sein erweitertes Angebot hin. Daneben sehen wir die Metzgerei Zimmermann, das Sattler- und Polstergeschäft Steinfort sowie das Kleiderhaus Manz. Die Kleinbahn Engelskirchen – Marienheide überquerte links am Café die Hauptstraße.

1930 (Poststempel) hatte die Wupper-Sieg Kraftverkehrsgesellschaft den Wettstreit mit der Reichspost um die Vorherrschaft der Busverbindungen in Engelskirchen für sich entschieden. Ab 1924 fuhren die rot-weißen Busse mehrmals in der Woche Richtung Lindlar, Frielingsdorf und Wipperfürth. Die Strecke Drabenderhöhe – Much kam später dazu. Die ersten Busse für 10 Personen (Dixies) sind hier vor dem Gasthaus zur Post im Oberdorf zu sehen. Auf dem oberen Bild baut gerade Johann Schumacher vor dem Kleiderhaus Manz sein Spezialgeschäft für Fahrräder, Motorräder und Nähmaschinen aus (später Kaufhaus Scherer). Auf der Gegenseite befindet sich der Gasthof A. Gilles (früher I. P. Müller)

Um 1940 sieht man links im Bild den Gasthof von Hugo Kenntemich mit Sitzmöglichkeiten zur Straßenseite. Daneben hat der Schuhmacher Ernst Stumm Geschäft und Werkstatt. Mit dem Bergischen Hof als Anschlussgebäude hat man in kurzem Abstand zwei Einkehrmöglichkeiten. Mittlerweile hat sich der Autoverkehr so vermehrt, dass sich auch das Geschäft mit Tanksäulen (rechts im Bild) lohnt. Die Hauptstraße ist in der NS-Zeit zur Adolf Hitler Straße umbenannt, im Unterdorf heißt sie Horst Wessel Straße, auf dem Steeg gibt es ein Robert Ley Ufer.

Diese Ansichtskarte mit besonderem Dekor wird 1905 nach Belgien verschickt. Das Oberdorf ist der Ausgangspunkt der 5 Ansichten. Rechts im Bild sind die Häuserzeilen an der Hauptstraße (heutige Märkische Straße) in Richtung auf die ehemalige Fabrik Ermen und Engels zu sehen. Links neben dem Tannenbaum erkennt man die schmale Schneise für die Aggertalbahn vor und hinter der Überquerung der Hauptstraße.

Diese Ansichtskarte kurz nach 1900 fällt durch ihre besondere Gestaltung auf. Der Gasthof Fassbender befand sich im Oberdorf und hatte zusätzlich links vom Haus noch einen Biergarten. Alte Engelskirchener kennen noch den Folgebesitzer Hugo Kenntemich. Heute befindet sich an derselben Stelle Aldi. Auf der anderen Straßenseite, in Höhe vom heutigen Elektrogeschäft Haude, gab es damals in bester Wohn- bzw. Geschäftslage noch einen Nutzgarten mit Stangenbohnen.

44

Das Dorfzentrum im Bereich des heutigen Edmund-Schiefeling-Platzes sah 1930 vom Feckelsberger Weg noch ganz anders aus. Heute stehen nur folgende Gebäude: im Vordergrund links, Stöckereichen, Haus Schneider (früher Miebach „Pinn"), das rechte der Engels-Arbeiterhäuser in Fachwerk (1874 gebaut), links davon hinter Bäumen versteckt Haus Diele und mit der Fachwerkgiebelseite zu sehen Haus Ufer (1852 errichtet, als Hälfte übrig geblieben).

Die Firma Ermen und Engels, 1837 gegründet, bestimmte nicht nur durch ihre Fabrikbauten und das Herrenhaus der Familie das Bild im Oberdorf der 30-er Jahre. Arbeiterwohnhäuser, ein Konsumgebäude und die evangelische Kirche mit Schule und Pfarrhaus entstanden zusätzlich durch die Initiativen der Unternehmer Engels. In der Blütezeit hatten die Spinnerei, Zwirnerei und Bleicherei über 600 Beschäftigte. Ende 1978 wurde der Betrieb eingestellt. In einem vorbildlichen Umnutzungsprozess konnten die meisten Gebäude erhalten werden.

ENGELSKIRCHEN (Aggertal). Spinnerei v. Ermen & Engels

Nach Beendigung des 1. Weltkriegs nehmen die englischen Besatzungssoldaten Quartier in verschiedenen Ortsteilen. Hier kennzeichnet einer von ihnen „unser Haus hinter diesen Bäumen". Auf der Rückseite der Karte folgt die weitere Information: „Herr und Frau Engels, die Fabrikbesitzer, leben in unserem Haus." So einfach stellte sich damals dieser Soldat den Besitzerwechsel der Villa Engels vor.

Engelskirchen, An der Miebacher Brücke

In die mit einer auffallenden Straßenlaterne versehenen „Engelskurve" mündete bereits vor dem 2. Weltkrieg der Weg vom Ortsteil Miebach. Die Steinbrücke wurde 1849 erbaut und vor dem Ende des 2. Weltkriegs nicht durch eine Sprengung, sondern durch Hochwasser zerstört. Die Folgekonstruktion von 1947 kann heute nur noch von Fußgängern und Radfahrern benutzt werden.

Um 1936 fällt auf dem Reckenstein nicht nur das Jugendheim auf. Etwas weiter oben links im Wald ist die weiträumige Anlage mit dem Kriegerdenkmal eingeweiht worden. Arnold Bürstinghaus hat seit 1933 endgültig die Firmengebäude an die Leppe verlagert. Auf der Hütte und am Reckenstein entdeckt man zwei neue Doppelwohnhäuser der Firma Engels von 1922 und 1924.

Die Karte von 1912 (Poststempel) zeigt aus der seltenen und klaren Ansicht vom Reckenstein die Häuser an der „Cöln-Olpener-Chaussee". Im Vordergrund rechts und links neben den Gleisanlagen der Kleinbahn Engelskirchen – Marienheide Hotel und Saal des Christian Kauert sowie Café und Backstube seines Sohnes Karl. Neben der Backstube steht links das dunkle Stallgebäude des Viehhändlers Fritz Zimmermann. Weiter geht es über Steinforts Werkstatt zum 1901 erstellten Wohnhaus der Familie Miebach, das als großer Fachwerkbau besonders ins Auge fällt. Gegenüber vom kleinsten Gebäude an der Straße, der Stiefelhagener Schmiede, befindet sich die Post.

Ein Blick um 1940 vom ehemaligen Jugendheim auf dem Reckenstein. Das Fachwerkhaus im Vordergrund stammt aus den Jahren 1910/11 (zuerst Plett, dann Kauert) und ist vom heutigen Besitzer Müller sorgfältig restauriert worden. Das Wohngebäude gegenüber der Reckensteinstraße wurde 1936 von Bürstinghaus gebaut, nachdem dort bis 1933 in einem Fabrikgebäude Spiralbohrer gefertigt wurden.

1924 hatte die Bevölkerung ein Kriegerdenkmal angeregt. Nach langen Vorbereitungen wurde das Ehrenmal im November 1936 in exponierter Lage auf dem Reckenstein eingeweiht. Zur damaligen Zeit hatte man noch von dort eine herrliche Aussicht auf den Ort. Nach dem 2. Weltkrieg wurde der Adler entfernt und die weitläufige Anlage verfiel zusehends.

Rommersberg

Sommerfrische Rommersberg bei Engelskirchen, Aggertal

Eine Werbekarte des Gasthofs Peter Scherer (heute Günter Miebach) vom idyllisch gelegenen Ortsteil Rommersberg aus den 30-er Jahren. Rommersberg wird erstmals 1413 in einem Kämmereiregister für den Fronhof Lindlar in der Schreibweise „Rumersberch" genannt. Die Rommersberger haben in den letzten Jahren mit vielen Aktionen zur weiteren Verschönerung ihres Ortsteils beigetragen.

Blumenau

Auf der ältesten bisher bekannten Ansichtskarte von Blumenau mit Poststempel vom 01.09.1900 sieht man links das Vorgängergebäude der späteren Restauration Bürstinghaus mit den Gartenanlagen. Gegenüber der Straße steht ein sehr altes Gebäude, „Schumachers Haus" genannt, welches heute nur noch an der Ostseite als Fachwerkbau zu erkennen ist.

Restauration „Zur Blumenau".

1902 fällt ein modernes, großes Fachwerkgebäude an der Leppestraße ins Auge. Der Besitzer wirbt später mit folgender Annonce:"Restaurant R. Bürstinghaus. Blumenau. Haltestelle der Kleinbahn. Neues Haus. Reizende Lage. Großer Garten... Fischteiche, Forellen." Ein Pferdegespann mit schwerer Ladung aus den nahen Steinbrüchen macht auf dem Foto vor der Gastwirtschaft gerade eine Pause.

Knabenpensionat Blumenau

Um 1913 hat sich das Aussehen und die Nutzung des vorderen Gebäudes geändert. Es ist verputzt und die Aufschrift „Restauration zur Blumenau" wird zu „Pensionat Blumenau". Die auswärtigen Schüler der 1907 eingeweihten Höheren Schule in Engelskirchen sind hier untergebracht. Die Haltestelle der Kleinbahn ist nach oben zum Neubau des Gasthofs Bürstinghaus (später Wohnhaus Krämer) verlegt. Rechts davon erkennt man im Hintergrund den Strenger Hammer mit den Hammergebäuden (heute Firma Ueberberg).

Miebach/Hardt

Um 1904 schaut man von der Miebacher Seite über die Agger auf die Hardter Bereiche entlang der damaligen Cöln-Olpener-Chaussee. Vorne links die Häuser Nolden/Brochhaus und Neufeind mit rückwärtigen Anbauten. Die Gleise der Eisenbahn verlaufen zu dieser Zeit noch auf der Straße. Die Aggertalbahn fährt links am Bildrand. Auf dem kleinen Foto posiert ein unbekannter Herr stolz mit seinem amüsierten weiblichen Anhang vor dem stattlichen Fachwerkhaus mit Anbau am Miebacher Wegekreuz.

Anfang der 30-er Jahre dominieren im „Luftkurort Engelskirchen" im Bereich Hardt immer noch die Wiesen- und Waldflächen. Der jetzige Höhenweg oberhalb des alten Hardter Schulhauses ist noch nicht zu erkennen. Auf dem Reckenstein ist 1929 das Jugendheim entstanden. Die vorgelagerte Freifläche wurde jahrelang als Fußballplatz und zeitweise sogar als Kirmesplatz genutzt.

Am 18.04.1919 schickt ein englischer Besatzungssoldat diese Karte in seine Heimat. Er kennzeichnet mit einem Kreuz links am Gasthof Zimmermann sein Büro. Auf der Gesamtansicht erkennt man im Hintergrund ein langgestrecktes Gebäude: 1908 erwarben die Brüder Ernst und Otto Busch das Gelände der ehemaligen Eisenhütte Unterkaltenbach und entwickelten daraus ihre Zahnbohrerfabrik. Die nach Kaltenbach führende Zeithstraße, Anfang der 1860-er Jahre gebaut, war vor allem für den dortigen Bergbau eine sehr wichtige Verbindung.

Ohne den späteren Bahndamm wirkt der Zentralbereich der Hardt 1907 wie eine Einheit. Der Gasthof Zimmermann ist auf dem Gesamtfoto vorne an der Unterkaltenbacher Straße mit Gartenwirtschaft und Kegelbahn am Krüppelwalmdach zu erkennen. Parallel zur Cöln-Olpener-Chaussee verläuft der Obergraben in Richtung Engels-Weiher.

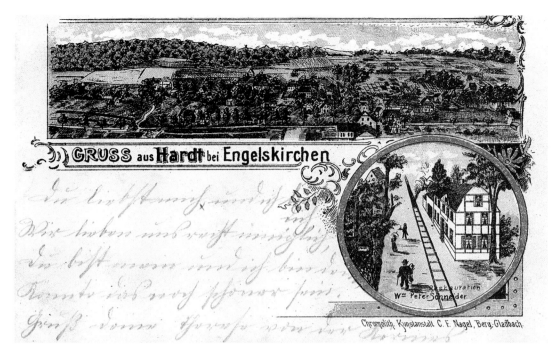

Die älteste bekannte Ansichtskarte von Hardt wurde am 30.06.1899 als Farblithografie verschickt. Die obere Hälfte zeigt die Gesamtansicht des Hofes Hardt und der Oberhardt mit der Cöln-Olpener-Chaussee im Vordergrund. Die heutige Bäckerei Felder ist an der Straße zu erkennen. Auf dem runden Bildausschnitt ist der Verlauf der Aggertalbahn auf der Straße dargestellt. Die Schienen führten so nah an der Wirtschaft der Witwe Peter Schneider vorbei, dass es zahlreiche tödliche Unfälle gab.

Auf dem Foto von 1905 sieht man die Schienen, die Wirtschaft Schneider und die Straße in Richtung Ründeroth. Um die gefährliche Situation mit Eisenbahn und Wirtschaft zu entschärfen, baute man in der Nähe ab 1910 einen hohen Bahndamm und verlagerte die Schienen dorthin. Der alte Gasthof Schneider, in dem es schon seit 1827 eine Schankwirtschaft gab, musste weichen und wurde auf der Gegenseite neu aufgebaut. Der untere Teil der Karte zeigt das Kaltenbachtal nicht weit vom Haus Unterkaltenbach entfernt.

Am 01.08.1912 fuhr der erste Zug über den aufgeschütteten Bahndamm, der den Engels-Weiher durchschnitt und der von der Hardter Bevölkerung lange Zeit heftig kritisiert wurde. Das große Gebäude in der Nähe des entstandenen „Dreiecks" ist das älteste Arbeiterhaus der Fa. Ermen u. Engels (1846 errichtet, genannt „Neuer Bau"). Auf der Wiesenfläche gegenüber der Straße entstand der erste Engelskirchener Sportplatz, von den Turnern 1911 angelegt und von den Fußballern ab 1913 mitbenutzt.

Auf einer Prägekarte, deren Rahmen reliefartig gehalten ist, sieht man um 1911 links auf Häuser von Hardt am Talweg (frühere Hofbezeichnung „am Winkel", von den Hardtern „Ägypten" genannt). Im vorderen Teil des Obergrabens vom Engels-Weiher lernten viele Hardter das Schwimmen. Die freie Fläche hinter dem hohen Bahndamm wird heute hauptsächlich gewerblich genutzt. Hinter der Olpener Straße fällt das Haus Miebach/Fischer mit Krüppelwalmdach und Erker ins Auge.

Hardt bei Engelskirchen, Gasthaus Schneider

Der Vorgängerbau des Gasthauses Schneider (heute Hardter Hof) hatte schon lange vor 1900 auf der gegenüberliegenden Seite der Olpener Straße gestanden. Er war 1910/11 bei der Verlegung der Eisenbahnstrecke abgerissen worden. Das neue Gasthaus zeigt sich auf dem Foto aus den 20-er Jahren schon mit Saal. Links davon gab es auch damals schon einen Biergarten.

Kurz vor dem Beginn des 2. Weltkriegs wurden nicht nur die jungen Jahrgänge gemustert. Hier hat sich 1938 vor dem Lokal Schneider auf der Hardt eine größere Gruppe mit Spazierstock und geschmücktem Hut, eingerahmt von Soldaten und einer Musikkapelle, zum Erinnerungsfoto aufgestellt. Dabei sind u.a.: O. Schlierenkamp, P. Müller, H. Müller, W. Neuhoff, O. Spiegel, F. Lange, P. Schneider.

Der Blick geht gegen Ende des 1. Weltkriegs über die Hardter Schule in der Oberhardt auf den Hof Hardt und über die Olpener Straße bis nach Unterkaltenbach. Die Firma Busch hat schon aufgestockt. Der Weg des Obergrabens von der Agger zum Engels-Weiher läßt sich rechts beim Ausgang unter der Olpener Straße und unter der Eisenbahnbrücke gut erkennen. Auch sieht man die beiden zu klein geratenen Durchlässe für Fahrzeuge und Fußgänger im Eisenbahndamm.

Anfang der 40-er Jahre fällt die Olpener Straße als schöne Allee auf. Die Wiesenflächen vor dem Bahndamm werden heute gewerblich genutzt. Am Hang links ist als dunkles Gebäude die alte Hardter Volksschule erkennbar, die schon 1876 eröffnet und 1895 aufgestockt wurde. 1937 geschlossen und 1947 wiedereröffnet, wurde sie bis zum Bau einer neuen Gemeinschaftsgrundschule im Jahre 1973 genutzt. Nach ihrem Abriss Anfang der 80-er Jahre sind an dieser Stelle Wohnhäuser entstanden.

Eine frühe Werbekarte der Firma Schumacher u. Co. zeigt die Weiterentwicklung der ursprünglichen Werkstatt für Motorfahrzeuge des Johann Schumacher: eine Werksvertretung der DKW-Autounion und eine BP-Olex-Tankstelle sind dazugekommen. Sämtliche Gebäude auf diesem Bild an der Olpener Straße haben heute moderner Bebauung (z.B. Getränkemarkt) Platz gemacht. Die Firma Auto Schumacher (Mercedes-Benz) hat sich näher zum Ort auf beiden Seiten der Straße mit größeren Werkstatt- und Verkaufsräumen angesiedelt.

Johann Schumacher hatte gegenüber seiner Werkstatt (heute Bereich Getränkemarkt Hardt) auf der anderen Seite der Chaussee an der Agger einen Bootsverleih. Über ein paar Treppenstufen konnte man die Anlegestelle erreichen, aber auch von einer Sitzgelegenheit dem regen Treiben von oben zuschauen. Der Wassersport wurde in Richtung Haus Ley und aggerabwärts bis zum Wehr betrieben.

Luftbadepark Kaltenbach bei Engelskirchen.

Mit einem Sonderstempel des „Deutschen Heldenhains" wurde die auf den „Luftbadepark Kaltenbach" hinweisende Ansichtskarte 1914 verschickt. Im Vordergrund das Obersteigerhaus mit kleiner Fachwerkscheune. Hier wohnte der örtliche Bergwerksleiter. Über drei Jahrhunderte war Kaltenbach ein vom Bergbau geprägtes Dorf.

Luftkurort Kaltenbach bei Ründeroth

1929 präsentiert sich das Waldgasthaus Kurhaus Kaltenbach als „beliebte Sommerfrische". Die Kegelbahn links am Hauptgebäude bestand bis in die 50er Jahre. Der Tanzsaal befand sich im 1. Stock. Später war auch im Garten zur Straße hin ein Tanzboden.

Vor 1930 hat der Gasthof Faßbender noch eine durchgehende Fachwerkfassade. Rechts daneben die Pension Haus Jungbrunnen. Mitten durch den Hang der Hohen Warte führt heute die Autobahn.

Gasthof Ernst Faßbender

Blick auf die Hohe Warte

Luftkurort Kaltenbach bei Ründeroth

Eine der Sommerfrischler-Pensionen war zwischen den beiden Weltkriegen Haus Jungbrunnen. Nach dem zweiten Weltkrieg diente es als Wohnhaus für einen Möbelhändler, der daneben auch ein Möbellager errichtete.

Während des 2. Weltkriegs gab es in Kaltenbach drei Gaststätten. Eine davon war der Gasthof Seidel, der davor Gasthof Faßbender hieß. Auf der Straßenterrasse vor dem Gebäude, dessen Fassade heute stark verändert ist, hat manches Kind aus dem Dorf seine erste Limonade getrunken.

Deutscher Heldenhain mit den von Ihrer Durchlaucht der Fürstin Herbert von Bismarck gesandten Eiche, Buche und Linde.

Auf Initiative von Gastwirt Karl Bosenius, allgemein nur „der Dicke" genannt, wurde kurz vor dem ersten Weltkrieg ein „Deutscher Heldenhain" in Kaltenbach eingerichtet. Die Bäume befanden sich vor der heutigen Schützenhalle und stehen zum Teil noch. Diese 1915 versandte Postkarte wurde vom „Verlag der Kurhaus-Verwaltung Kaltenbach" herausgegeben und enthält auf der Rückseite ein vierstrophiges Gedicht über „das Dörfchen wie ein Lerchennest".

Daxborn

Daxborn verdankt „seine" Postkarte einem besonderen Ereignis: Am 21. März 1918 mußte ein Militär-Doppeldecker dort wegen Nebels auf einer Wiese notlanden. Der Propeller wurde dabei beschädigt. Für die Bewohner von Daxborn und Kaltenbach war diese Notlandung natürlich ein großes Ereignis. Im Hintergrund rechts das alte Haus Kauert.

Haus Ley

Die alte Burganlage Haus Ley war vor Jahrhunderten der Grenzposten der Grafschaft Mark gegenüber dem Erzbistum Köln. Bedeutende Familien lebten hier: die von Neuhoff gen. von der Leyen besetzten mehrmals die Pfarrstellen in Ründeroth vor dem 30-jährigen Krieg, der 1899 tödlich verunglückte Landrat Richard Haldy lenkte die Geschicke des Kreises Gummersbach. Zum Zeitpunkt dieser Aufnahme aus der Zeit vor dem 1. Weltkrieg war seine Frau, eine Tochter des preußischen Eisenbahnministers von Thielen Besitzerin, während der Hof bereits von den heutigen Eigentümern, der Familie Bellinghausen, bewirtschaftet wurde.

Bellingroth

Im Unterschied zu den vergleichbaren Orten um Engelskirchen und Ründeroth herum gibt es von Bellingroth anscheinend nur wenige frühe Ansichtskarten. Gleichwohl existierten hier auch mehrere Sommerfrischler-Pensionen wie die von Walter Koch. Das schöne Fachwerkhaus ist heute fast unverändert erhalten.

Mit dieser zwischen den beiden Weltkriegen gefertigten Ansichtskarte wirbt die Privatpension Fritz Niebel um Urlaubsgäste. Auf der Rückseite sind die Zusätze „Schöne, sonnige Zimmer – eigene Landwirtschaft – gute Verpflegung – am Hange der Hohen Warte – fünf Minuten vom Flußbad" abgedruckt. Letzteres wies auf eine Badestelle in der Agger in Höhe der heutigen Tennishalle Ründeroth-Ohl hin. Dort traf sich die Bellingrother Dorfjugend zum Schwimmen. Am Fachwerk des heute gut erhaltenen Hauses in der Straße Am Lohmühlchen läßt sich die Verzahnung von Althaus und Anbau gut erkennen.

Haus Leppe

Haus Leppe unterhalb von Bickenbach wird als ehemalige kleine Wasserburg bereits 1413 erwähnt. Auf den Grundmauern des alten Turmes wird Anfang des 19. Jahrhunderts das heute noch dort stehende Herrenhaus errichtet. Der damalige Besitzer, von Bunsen, übermittelt Ende 1907 mit dieser Karte Neujahrsgrüße nach Rom.

Schnellenbach

Diese romantische Ansichtskarte von Schnellenbach aus dem Jahr 1897 zeigt neben einem Dorfausschnitt das Restaurant Kleinjung (später Hotel-Restaurant Bergfriede) und das „Krümmel-Thal", das zur Walbach hin führt. Wie auch Ründeroth und Wallefeld war Schnellenbach als Sommerfrische sehr beliebt.

Mit einer traurigen Nachricht am Ende der Grüße wurde diese Karte am 15.01.1915 verschickt. Ehrenmale erinnern noch heute in fast jedem Ort an die Opfer der beiden Weltkriege. Auf dem großen Foto ist die für viele oberbergische Orte typische Hangmuldenlage des Schnellenbacher Ortskerns gut zu erkennen. Fachwerkgebäude dominieren eindeutig, vereinzelt gab es auch Fassaden aus Grauwacke oder sie sind mit „Siegerländer Blech" verkleidet.

Die Städter aus Köln, dem Ruhrgebiet und dem bergischen Städtedreieck verbrachten ihre Sommerurlaube gerne in den oberbergischen Dörfern. Fast jedes Hotel/Restaurant hatte sich darauf ausgerichtet. So auch das Hotel Bergfriede in der Ortsmitte von Schnellenbach, das bereits vor dem ersten Weltkrieg eine imposante Größe erreicht hatte.

Die am 06.09.1913 gestempelte Ansichtskarte zeigt das Gasthaus „Zur Wäsche", dessen Name auf einen alten Teich zur Erzwäsche zurückgeht. Eisenerz wurde früher um Schnellenbach herum gleich in mehreren kleinen Gruben abgebaut. Das heute noch schräg gegenüber des Edeka-Marktes anzutreffende Haus diente früher auch als Bäckerei.

Diese Lithografie vom Hotel Bergfrieden stammt aus der Zeit kurz nach dem ersten Weltkrieg. Der Werbetext auf der Karte preist umfassend die Vorzüge der Sommerfrische. Unter heutigen Gesichtspunkten gerät man bei dieser Beschreibung ins Schmunzeln.

Müllensiefen

Müllensiefen auf einer Postkartenaufnahme zwischen den zwei Weltkriegen. Der Umfang des kleinen Ortes hat bis heute nicht wesentlich zugenommen.

Auf der unteren Karte von 1917 ist die Gastwirtschaft Prinz zu sehen, deren Eierkuchenspezialität es dem Schreiber offenbar angetan hatte! Die Wirtschaft verfügte über eine Freikegelbahn, die am Berghang auf der anderen Straßenseite lag. Der Gasthofbesitzer war auch Eigentümer eines Steinbruchs auf der anderen Seite des Tälchens.

Ränderoth

Die noch im 19. Jahrhundert entstandene Lithografie zeigt u.a. das Ehrenmal, das auf dem Markt bis 1945 an die Kriegsgefallenen von 1870/71 erinnert. Weitere Motive sind der auf halbem Weg zum Haldy-Turm gelegene „Predigerstuhl", der auch „Tempelchen" genannt wurde und die imposante Villa Guilleaume, die von einem herrschaftlichen Park umgeben war und an der Stelle lag, wo heute das Schulzentrum steht. Rechts hinter der einem Schlösschen ähnelnden Villa Guilleaume befindet sich das alte evangelische Pfarrhaus („Pastorat").

Ebenfalls aus den letzten Jahren des 19. Jahrhunderts stammt diese „romantische" Lithografie. In Ergänzung zu o.a. Motiven ist unten eine Szene aus dem Weinberg dargestellt. Dort wurden in Erinnerung an den zu Beginn des 19. Jahrhunderts unternommenen Weinanbau Winzerfeste durchgeführt, bei denen sogar eine Kapelle aufspielte.

Diese auf einem Foto basierende Lithografie wurde vor der Jahrhundertwende gefertigt. Exakt sind Gebäude und Wege dargestellt. Zwischen Kamperstraße und Agger befindet sich noch kein Gebäude, und bis auf den Hohenstein sind noch alle Talhänge ohne Häuser.

Kurz nach der Jahrhundertwende hat die ev. Kirche noch keinen Chorraumanbau. Links befindet sich der „alte Baumhof" und davor die landw. Handlung August Jaeger. Dazwischen beginnt
versteckt die Sternentalstraße. Auf der Hauptstraße herrscht „starker Personenverkehr".

Um die Jahrhundertwende beschränkt sich die Besiedlung von Ründeroth noch vorwiegend auf den Ortskern, die Hüttenstraße und den unteren Hohenstein. Darum herum liegen Gärten und Felder. Im Vordergrund links ist am Beginn des Bahngeländes ein längst abgerissenes Gebäude zu erkennen, das als Destille diente. Schnaps und Likör wurden dort hergestellt.

Anfang des 20. Jahrhunderts beherrschen Kartoffel- und Getreideäcker den Hang oberhalb der Cronenburg. Im Hintergrund links der Steinbruch Karl Kotz, der bis 1903 betrieben wurde. Während die Felswände heute noch erhalten sind, wurde die Steinbruchsohle weitgehend verfüllt.

71

Der Ortskern, der „neue" Baumhof und die Aggerbrücke zwischen dem ersten und zweiten Weltkrieg. Der Schützenhof besitzt noch eine eindrucksvolle Veranda zur Agger hin.

Die „Partitätische Höhere Schule", aus der später die Realschule hervorging, ist 1909 an der Cronenburg im Bau. Der katholische Friedhof (links) ist längst in Betrieb genommen und schon mit Hecken umgrenzt.

Bereits der „alte" Baumhof war eine gute Adresse in Ründeroth. Der Gasthof wurde um 1780 erbaut. In ihm fanden wichtige gesellschaftliche Ereignisse wie z.B. das Festessen zur Eröffnung der Bahnstrecke statt. Die Parkettkegelbahn des Hauses war weithin bekannt.

Der „neue" Baumhof wurde 1908 errichtet. Der Neubau kostete 51.000 Goldmark, was einem heutigen Wert von etwa 1 Million DM entspricht. Die Geschw. Jaeger als Inhaber warben mit „Centralheizung, Warmwasserleitung und Bäder im Hause". Insbesondere bei Sommerfrischlern war der Luftkurort Ründeroth sehr beliebt. Der Fernsprecher des Baumhofs hatte vor dem ersten Weltkrieg die Nummer 13.

Diese Lithografie von Ründeroth aus dem Jahre 1896 wurde als Postkarte nach Italien verschickt. Sie zeigt rechts im Hintergrund das Haus von Robert Kron, nach dem die frühere Bergstraße heute die ehemals scherzhaft gemeinte Bezeichnung „Cronenburg" trägt. Rechts davor ein Gebäude zur Wasserspeicherung und –aufarbeitung für die Dampflokomotiven der Eisenbahn. Im Vordergrund ist dort, wo heute der Extra-Markt (ehemals Wagenbau Schmidt) zu finden ist, als schmaleres höheres Steingebäude noch der Hochofen der alten Ründerother Hütte zu sehen. In der Ründerother Hütte, die bereits im 15. Jahrhundert erwähnt wird, wurden die Erze der Bergwerke um Ründeroth herum geschmolzen.

Wenn man heute an der Einmündung des Rathausplatzes in die B 55 steht und in Richtung Extra-Markt schaut, kann man kaum glauben, dass der Mühlen- bzw. Hüttengraben vor dem 1. Weltkrieg dort diesen Anblick bot.

In den ersten Jahren des letzten Jahrhunderts ist das linke Aggerufer in der Ortsmitte noch nicht durch Mauern erhöht. Unterhalb der Obstgärten am Hohenstein wird Wäsche gebleicht. Im Hintergrund erkennt man am Brückenende den Giebel des damaligen Kindergartens und rechts davor die alte Gerberei Beck, die später zur Jugendherberge umgebaut wurde.

Auf dieser am 02.08.1906 nach Freiburg versandten Ründerother Ansichtskarte ist die Bezeichnung „Postkarte" rückseitig sogar in 8 verschiedenen Sprachen abgedruckt. Die Aufnahme zeigt rechts neben dem Turm der katholischen Kirche die unmittelbar an den Bahngleisen gelegene Krupp'sche Verladestation. Dort wurde das in den Forster Bergwerken gewonnene Eisenerz, das mit Hilfe einer Seilbahn über die Hohe Warte bis ins Aggertal transportiert wurde, in die Waggons gefüllt und zur Verhüttung in das Ruhrgebiet gebracht. Die Rauscheider Straße ist als schmaler heckengesäumter Hohlweg im Hintergrund zu erkennen. Ihre heutige Gestalt erinnert immer noch an ihre Vergangenheit als alter, von Siegburg kommender Handelsweg.

1909 waren Fuhrwerke noch die übliche Praxis der Güterbeförderung. Die heutige B 55 führt hier noch hinter dem Gebäude Altwicker (heutiges Radio-/Fernsehgeschäft u. Fahrschule) herum. Rechts die Einmündung des Hohensteins.

Die Hauptstraße in Höhe des Baumhofs um 1909. Rechts das Haus des „Uhrendoktors Jaeger", an dessen Stelle vorher eine Schmiede stand.

Die Ründerother Hauptstraße mit Blick auf die beiden Kirchen um die Jahrhundertwende. Rechts vorne das Gelände Rudolf Dörrenberg (später Beck), ganz vorne links ist das Gartenhaus des Apothekers Gissinger zu erkennen. Der Turm der kath. Kirche wurde 1893 errichtet.

1907 wurde unterhalb des Verwaltungsgebäudes der Fa. Dörrenberg der Vorläufer des Freibades, die „Schwimm- und Badeanstalt" gebaut. Dafür wurde sogar eine Aktiengesellschaft mit 36 Aktionären gegründet. Das Bad bestand bis kurz nach dem ersten Weltkrieg.

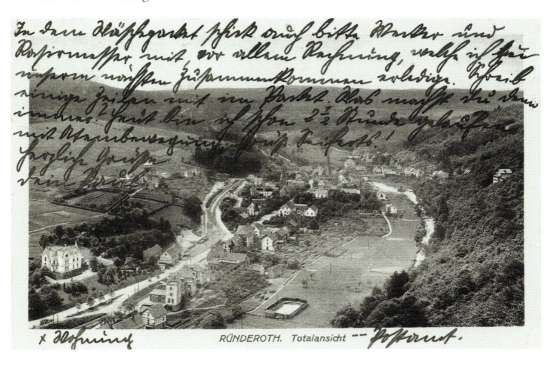

Blick vom Steinbruch am Mühlenberg aus über Ründeroth um die Jahrhundertwende. Im Bild rechts ist am Bahngelände die Erzverladestation zu erkennen. Hecken umgeben Felder, Gärten und Wiesen im Bereich der heutigen Cronenburg. Diese Postkarte übermittelte am 06.06.1901 Grüße aus Ründeroth nach Elberfeld.

Der Mühlen- bzw. Hüttengraben führte vom Aggerwehr oberhalb der Brücke bis zur Ründerother Mühle unmittelbar am heutigen AWO-Altenheim. Hier eine Aufnahme, die unterhalb der früheren Ründerother Hütte um 1910 entstand. Schon weit vorher hatte die Firma Fahrzeugbau Schmidt den Standort übernommen. Heute nimmt ein Verbrauchermarkt den Großteil des Geländes im Hintergrund ein.

Am Ründerother Aggerwehr wurde früher ebenfalls geschwommen. In der Nähe des Einzelbaums ist ein Badesteg zu erkennen. Durch die Abwässer der Spinnereien ließ die Wasserqualität allerdings schon zu wünschen übrig. Der Haldyturm im Hintergrund ragt noch deutlich aus dem Baumbewuchs des Weinbergs hervor.

Die Ortsmitte Ründeroth um 1910. Das längst verschwundene Gebäude vorne rechts war zunächst eine Destillerie der Fam. Guilleaume, dann – wie zum Zeitpunkt der Aufnahme – der Sitz der Fa. August Jaeger landw. Produkte. Später betrieb diese Firma dort eine Kaffeerösterei.

Vom Hohenstein aus erscheint der Alter Markt um 1910 als dichtes Häusergewirr. Vorne links liegt zur Agger hin das Gelände der alten Gerberei Richarz. Im Hintergrund ist der von hohen Bäumen umgebene Friedhof zu erahnen, der 1819 vom Platz vor der evangelischen Kirche dorthin umgelegt wurde.

1912 war die Hauptstraße noch eine mit Grauwacke gepflasterte Allee. Rechts die 1898 gegründete Metzgerei Hillenbach, links steht ein Fuhrwagen der Fa. August Jaeger landwirtschaftl. Produkte. Noch wenige Jahre vor dieser Aufnahme überquerte die „Alma", ein kleiner Bach, in Höhe des Baumhofs die Straße.

Die vor dem ersten Weltkrieg entstandene Aufnahme zeigt das Bahngelände noch mit 5 Gleisen. Für die Ründerother Betriebe aber auch für die Nachbarorte war die 1884 eröffnete Bahnlinie von großer logistischer Bedeutung. Die Bahnhofstraße (vorne rechts) ist noch eine dichte Baumallee und der Mühlenberg (hinten links) reines Acker- und Gartenland.

Vor dem ersten Weltkrieg hatten auf dem Mühlenberg viele Ründerother ihren Nutzgarten. Im Hintergrund zwischen Haldy-Turm und Stiefelhagen der große Steinbruch der Basalt AG, der heute fast ganz verfüllt ist. Einige der dort tätigen italienischen Gastarbeiter blieben in Ründeroth und gründeten ihre bis heute hier ansässigen Familien.

So sah die Aggerbrücke um 1902 aus. Die Bruchsteinbrücke wurde 1845 gebaut und 1928 abgerissen, weil sie für den sich stark entwickelnden Verkehr zu schmal war. Als Vorgänger existierte von 1820 bis 1845 eine Holzfahrbrücke.

Blick entlang der Hauptstraße etwa zur Zeit des ersten Weltkrieges. Rechts die Häuser Riese (heute Dekoration Hensel/Zahnarzt) und Heuser (heute „Schlecker"). Die Vorgärten sind schon lange nicht mehr vorhanden.

Der Blick geht nach dem 1. Weltkrieg in die Hüttenstraße und die Hüttengärten. Im Hintergrund links das 1916 fertiggestellte „Jugendheim", das sowohl als Gymnastikhalle als auch für Veranstaltungen genutzt wurde. Links der Bereich der alten Erzhütte, damals aber schon längst übernommen von der Fa. Wagenbau Schmidt.

Um 1910 ist ein Auto auf der Hüttenstraße noch eine große Besonderheit und wird bestaunt. Die Hüttengärten sind zu dieser Zeit die „Gemüse- und Kartoffelfabrik" von Ründeroth.

Ein Blick von dem heutigen AWO Kindergarten aus aggerabwärts. Schon 1908 war die Eiche an der Fußgängerbrücke eine imposante Erscheinung. Noch heute steht dieser Baum dort. Er dürfte der älteste Baum in Ründeroth sein. Im Vordergrund die fast in jedem Stall vorhandene „Kuh des kleinen Mannes", die Ziege. Aber auch hochgestellte Persönlichkeiten waren Mitglied im Ründerother Ziegenzuchtverein.

Wo heute das AWO-Altenheim steht, befand sich früher das 1895 errichtete Ründerother Krankenhaus. Der umfangreiche Gemüsegarten diente wie auch die Tierhaltung der Selbstversorgung. Während Anfang der 60er Jahre eine Erweiterung auf 100 Betten erfolgte, wurde das Krankenhaus Ende 1977 geschlossen. Rechts die ehemalige Ründerother Mühle, die vorübergehend auch zur Stromerzeugung diente. Das Gebäude ist heute noch erhalten.

Blick vom Mühlenberg auf Ründeroth-Ohl um 1935. Die Felder am Bleiberg und Giersberg reichen noch weit in die Hohe Warte hinein. Links das Jugendheim, der heutige AWO-Kindergarten. Diese Ansichtskarte wurde von Ründeroth nach Neapel verschickt.

Diese vom Aussichtspunkt „Eduardsruh" unterhalb Bellingroth vor 1928 gemachte Aufnahme zeigt noch die alte Eisenbahnbrücke als Gitterkonstruktion mit einem Pfeiler. Die Aggerstaustufe wurde erst 30 Jahre später gebaut. Der Sportplatz wurde dagegen bereits 1921 an der heutigen Stelle eingerichtet. Rechts oben am „Rauscheid" der Bauernhof Stöcker.

Kurz nach der Jahrhundertwende war das Hotel-Restaurant „Villa Hohenfels" am Hohenstein bereits eine über die Grenzen Rünneroths hinaus bekannte gute Adresse. Insbesondere die später angebaute Panorama-Terrasse bot einen spektakulären Blick auf das Aggertal. Vor dem zweiten Weltkrieg warb man auf der Rückseite der unteren Postkarte mit folgender Aufzählung: „Eigene Konditorei – Hotel – Pension – Großer Saal – Verdeckte Veranda – Zentralheizung – Fließend Wasser – Garage – Liegehalle – Modernes Strandbad."

Die prächtige Villa und der dazu gehörige Park von Eduard Dörrenberg werden auf dieser Postkarte aus dem Jahr 1903 abgebildet. Das Ensemble ist bis heute weitgehend unverändert geblieben. Im Hintergrund die Oststraße und Wiehlmünden. Vorne links ein Werksgebäude der 1879 als Schreibwarenhandlung gegründeten Ründerother Geschäftsbücherfabrik Gustav Jaeger.

Die etwa 1910 entstandene Aufnahme dokumentiert den Industriestandort Ründeroth. Vorne die Firma Dörrenberg – anscheinend in voller Produktion – und am linken Bildrand die Bücherfabrik Jaeger. Ganz vorne die Halden des Stiefelhagener Steinbruchs.

Am 4. und 5. Juli 1914 fand das Gauturnfest in Ründeroth statt, dem diese Postkarte gewidmet ist. Eindrucksvoll werden die Freiübungen auf dem alten „Turnplatz" an der Ohler Straße abgebildet. Die Ründerother Turner feierten vor allem gegen Mitte des letzten Jahrhunderts große Erfolge.

Diese Ansichtskarte schickte ein französischer Besatzungssoldat am 08.04.1923 seiner Mutter. Ein französisches Dragonerregiment war 5 Tage vorher mit 600 Mann und 120 Pferden in Ründeroth eingerückt. Erst am 22. Oktober 1924 zogen sie wieder ab. Während dieser Zeit blühte der Schmuggel in Ründeroth und Umgebung. Vorne rechts ist das Wasseraufbereitungsgebäude für die Dampflokomotiven zu erkennen. Vorne links liegt der Bahnübergang Rauscheider Straße/Cronenburg.

1905 war der Anbau eines Chorraumes an der ev. Kirche zusammen mit einer umfassenden Erneuerung des Innenraumes abgeschlossen. Die Kreuzform als Grundriss war wieder hergestellt und auch eine Heizung für die Sakristei war nun vorhanden, genauso wie eine elektrische Beleuchtung. Rechts neben der Kirche die erste Klempnerwerkstatt der Fa. Heuser.

Im ersten Jahrzehnt des 20. Jahrhunderts hatte das Restaurant Otto Karthaus eine beeindruckende Gartenwirtschaft gegenüber der katholischen Kirche. Der Wirt war Jäger und dokumentierte sein Jagdglück durch Tierpräparate. Links der Saal der Gastwirtschaft, das spätere Ründerother Kino („Wilkings Saal").

Auf dem Weg zum Haldyturm lag auf halber Höhe im Weinberg der „Predigerstuhl" oder das „Tempelchen", zu dem viele Sonntagsspaziergänge führten. Hier ein Blick um 1909 in das Aggertal. Überhaupt war der Weinberg ein beliebter Treffpunkt, und wer hier in Zweisamkeit spazieren ging, war für die Öffentlichkeit schon so gut wie verlobt.

Um 1920 rauchen 8 große Schornsteine des Stahlwerks Dörrenberg. Als Nachfolger des Hammerwerks Zapp wurde die Firma 1860 gegründet. Im Kurvenbereich der Bahnstrecke ist das Wasser des Hammergrabens zu sehen, der am Aggerwehr in Wiehlmünden begann. Im Hintergrund der Bauernhof Jung, wo auch früher schon ein Aggerübergang bestand. Weiter oberhalb liegt die Ortschaft Buschhausen.

Anfang der 30er Jahre nehmen Brücke und Straße noch einen anderen Verlauf ein. Heute führt die B 55, die 1823 - 1834 als Cöln-Olpener-Chaussee gebaut wurde, links an dem hellen Gebäude im Hintergrund (heute Radio-/Fernsehgeschäft) vorbei. Der davor liegende ehemalige Kindergarten wurde nach der Brückensprengung abgerissen. Der Schützenhof hat auf dieser Ansichtskarte von 1934 noch einen Vorbau zur Straße hin.

Die ca. 1930 vom Haldy-Turm aus entstandene Aufnahme zeigt den sich langsam auf die Talhänge ausdehnenden Ort. Während das Verwaltungsgebäude der Fa. Dörrenberg (im Vordergrund, mit Turm) schon steht, fehlt noch das 1936 gebaute Freibad. Auffallend sind die überall anzutreffenden Nutzgärten und die im Hintergrund an die Felder anschließende große Rauscheider Obstwiese.

Wo heute das Freibad liegt, waren um 1905 nur Wiesen, Weiden und Gärten. Im Hintergrund der nach dem Kontorist Julius Mücher benannte „Julius-Turm" der Fa. Dörrenberg, der aus Brandschutzgründen ganz aus Grauwacke erstellt wurde und in den zum Feierabend die Akten und Büromaschinen zurückgestellt wurden.

1935 ist die Bebauung von Ründeroth vor allem im Bereich Cronenburg vorangeschritten. Unterhalb der Villa Rudolf Dörrenberg, später Haus Beck (heute Kreissparkasse), ist die Parkanlage zu erkennen, die heute einen Teil des Kurparks bildet. Links daneben zur Hauptstraße hin die Parkanlage des Hauses Eduard Dörrenberg, die heute von dem Gebäude der Metzgerei Claudius eingenommen wird. Das hohe Flachdachgebäude an der Kamperstraße (später Michaelis) beherbergte den Pferdestall des Generalarztes Dr. Beck.

"RÜNDEROTH, Blick vom Halditurm nach Osten"

Um 1925 hat sich das Stahlwerk Dörrenberg bereits stark erweitert. In der Mitte des Bildes links neben der Oststraße die Bahnverladestation des Stiefelhagener Steinbruchs, zu der eine Seilbahn führt. Ebenfalls eine Seilbahn bringt die Asche bzw. Formsande aus dem Stahlwerk zur Verkippung an den Berghang.

Ründeroth-Walbach

Links der 1721 errichtete Hof Müller in der Walbach vor dem ersten Weltkrieg. Von 1784 bis 1969 wurde dort neben der Landwirtschaft eine Dampfkornbrennerei betrieben. Der Werbespruch „Müller's Korn, rein gebrannt, im Oberbergischen gut bekannt", fand sich in mancher Dorfschänke wieder. Heute bewohnt die 8. Generation Müller die Hofanlage.

Das Haus Osberghaus in der Walbach zu Beginn des 20. Jahrhunderts. Von 1840 bis 1870 war dort eine kleine Klavierprodiktion beheimatet. Später kaufte Frau Wolff das beeindruckende Gebäude und ließ es in exakter Kopie talseitig nochmal errichten. Unmittelbar oberhalb ist heute der Standort des Hallenbads.

Wiehlmünden

Die Oststraße war nach dem ersten Weltkrieg eine eindrucksvolle Allee. Im „Allenkamp" wurde zum Zeitpunkt der Aufnahme mit der Bebauung begonnen. Gut erkennbar ist der Hammergraben, der vom Aggerwehr zur Firma Dörrenberg führte.

Die etwa 1906 entstandene Aufnahme zeigt den damaligen Verlauf der Eisenbahnstrecke in Wiehlmünden, nämlich dort, wo sich heute Radweg/Bürgersteig befinden. Häufiger kam es zu gefährlichen Begegnungen zwischen Mensch und Dampfross.

Bis 1896 war der Gasthof Dissmann, später als „Kümmelecke" bekannt, Haltepunkt der Eisenbahn. 1911 wurde die Bahnstrecke – wie hier zu sehen – neben die Straße verlegt. Deutlich zu erkennen ist ein heute längst vergessener Wassergraben, der zum ehemaligen Wiehlmündener Hammer führte.

1908 umfasst Wiehlmünden nur eine Handvoll Häuser. Rechts sind Teile der Hammerwiese zu erkennen, die ihren Namen durch das alte Hammerwerk erhielt. Die Aggerstaustufe, in die heute auch die Wiehl einmündet, wurde „erst" 1929 gebaut. Der Osberghausener Bahnhof zeigt sich auf dieser nach Belgien verschickten Ansichtskarte im sogenannten Schweizer Stil.

Bickenbach

Noch im 19. Jahrhundert entstand diese Postkartenansicht von Bickenbach. Links fallen die Kunstwollspinnerei Viebahn und der Gasthof Zur Post auf. Ganz rechts ist die 1842 erbaute Dorfschule zu erkennen. Sie wurde 1968 geschlossen.

Eine von 4 Bickenbacher Gaststätten gehörte Anfang letzten Jahrhunderts der Fam. Bickenbach. Der längliche Seitentrakt war der Veranstaltungssaal und wurde als erste Turnhalle genutzt. Der gesamte Häuserkomplex „In der Burg" einschließlich des abgebildeten Gebäudes wurde beim Ausbau der Landesstraße/Autobahnzubringers beseitigt.

Das Gasthaus Zur Post, heute noch in Familienbesitz, wurde 1880 gegründet. Der Name weist auf die gleichzeitige Funktion als kaiserliches Telegrafenamt hin. Anfang des letzten Jahrhunderts warben die Besitzer mit „Gesellschaftszimmer, Kegelbahn und Gartenwirtschaft" sowie „Angenehmer Aufenthalt für Gesellschaften und Vereine".

Diese am 18.09.1902 nach Belgien versandte Karte zeigt den Gasthof Buchholz der 1879 gleichzeitig als Pferdewechselstation errichtet wurde. Gut 20 Jahre davor waren überhaupt erst eine feste Straße und eine Brücke über die Leppe errichtet worden. In der Mitte der großen Aufnahme der Ortsteil „In der Burg", der bei dem Bau des Autobahnzubringers ganz abgerissen wurde.

Der bereits 1802 auf einer Landkarte dargestellte Teich mit Zufluss von der Leppe diente als Wasserreservoir für ein Hammerwerk, das Schmidt und Clemens gehörte. Um 1850 kam eine Papierfabrik hinzu. Gegen Ende des 19. Jahrhunderts wurde in dem entstandenen Fabrikkomplex eine Kunstwollspinnerei betrieben. Nach deren Konkurs übernahm Schmidt und Clemens den Standort wieder neu. Heute befindet sich im Bereich der ehemaligen Teich- und Grabenanlage das Naturschutzgebiet „Teichwiese".

Der 1885 gegründete Turnverein Bickenbach posiert hier vor der 1913 erbauten Turnhalle. Er war damit der erste Turnverein in der Rheinprovinz mit eigener Turnhalle! Die Faustballer des TV Bickenbach sorgten bis in die jüngste Vergangenheit für große sportliche Erfolge.

Bickenbach, Bez. Köln

Bickenbach wurde zum Zeitpunkt dieser Aufnahme, etwa 1926, noch in die Ortschaften Leppe und Heide (im Vordergrund) unterteilt. 1954 beschloss der Rat der Gemeinde Ründeroth dann offiziell den längst gebräuchlichen neuen Namen.

Bereits im 18. Jahrhundert wurde am Ölchens Hammer gearbeitet. 1866 stellen die Gebr. Dörrenberg den Antrag auf Erhöhung des Teichdammes und 1873 wird der Hammerteich auf seinen heutigen Umfang erweitert. 1947 wurde der Ölchens Hammer stillgelegt. Er dient heute als Teil des Rhein. Industriemuseums Engelskirchen.

Papiermühle

Papiermühle im Leppetal verdankt seinen Namen einer dort im 18. Jahrhundert betriebenen Papierfabrik. Nach 1880 wurde das Areal von der Achsenfabrik Friedrich Zapp und Cie. übernommen. Ein großer Gasthof prägte vor dem ersten Weltkrieg das Straßenbild etwas leppeabwärts. Vor dem Gebäude fallen die Gleise der damals zwischen Engelskirchen und Marienheide verkehrenden Leppetalbahn auf. Auch wenn die Straße heute außen an dem Hofkomplex vorbeiläuft, lassen sich die langgestreckten Gebäude leicht wiedererkennen.

Neuremscheid

Die Belegschaft des Rennbrucher Hammers (Bereich Fa. Zapp) posiert als Turnriege 1913 für die Aufnahme zu dieser Ansichtskarte. Die turnerische Betätigung der Bickenbacher und Schnellenbacher Arbeiter wurde vom Firmenchef, Rudolf Zapp sen., der auch 1. Vorsitzender des Turnvereins Bickenbach war, gefördert.

Gruß aus Neu-Remscheid

Neuremscheid am Eingang zum Felsenthal oberhalb von Bickenbach erhielt seinen Namen von einem aus Remscheid zugezogenen Unternehmer, der hier 1850 ein Hammerwerk gründete. Noch heute fällt am Ortsende ein großes Haus auf, das in typisch „Remscheider Art" ganz mit Schiefer verkleidet ist. Das Gebäude auf dieser Ansichtskarte von 1915 wird heute noch als Bäckerei/Konditorei genutzt.

Remerscheid

Remerscheid bei Ründeroth

Zwischen den beiden Weltkriegen muß diese Postkarten-Aufnahme von Remerscheid entstanden sein. Die Obstwiesen durchziehen den Ort und lassen die Fachwerkhäuser fast verschwinden. Im Vordergrund die heute noch vorhandene Gastwirtschaft Zu den vier Linden, die damals als „beliebte Sommerfrische" warb und in der lange Zeit der öffentliche Fernsprecher untergebracht war. Einige der abgebildeten Scheunen bestehen heute noch fast unverändert.

Kolonial- u. Manufaktur-Waren von Wilh. Meyer jr.

Die Ansichtskarte wurde am 21.06.1916 abgestempelt. Während oben die sanfte Quellmuldenlage des Ortes besonders gut zum Ausdruck kommt, ist unten das Haus Meyer in der heutigen Poststraße abgebildet, in dem damals eine Kolonial- und Manufakturwarenhandlung betrieben wurde. Der Gemischtwarenladen bestand als späteres Lebensmittelgeschäft bis in die 60er Jahre.

Wallefeld

Diese noch im 19. Jahrhundert gefertigte „Correspondenz-Karte" zeigt den in einer breiten Quellmulde liegenden Ortskern. Der Teich im Vordergrund der größeren Aufnahme diente bis 1879 einer kleinen Brauerei zur Gewinnung von Eis. Es wurde dann in einer Höhle unterhalb von Wallefeld gelagert.

Einer von vielen Gastföfen und Pensionen war die Restauration u. Sommerfrische Schwager, hier auf einer Karte, die am 31.03.1912 verschickt wurde. Als Besonderheit sind die sogenannten Kaffeetrinkerlinden abgebildet, in deren verzweigtem Stammbereich eine Treppe mit Sitzpodest angebracht war. Hier konnte man gemütlich eine Tasse Kaffee oder ein Glas Wein genießen. Haus und Bäume sind auch heute nach fast 100 Jahren noch erhalten und in der Straße Auf der Mauer zu bewundern.

Beide Grußkarten stammen aus der Zeit vor dem ersten Weltkrieg. Auf der oberen Karte ist rechts unten die ortsquerende Unterdorf- bzw. Oberdorfstraße gut zu erkennen, die als Verbindung zwischen Ründeroth und Hülsenbusch 1859 gebaut wurde. Während der direkte Ortsbereich stark mit Gärten und Obstwiesen durchsetzt ist, umgibt eine weitläufige Feldflur das Dorf.

Auf dieser Aufnahme um 1933 ist oben auf der Berghöhe das „Biobad" zu erkennen. Dort wurden spezielle Naturheilverfahren, meist Kombinationen von Wasser- und Lehmanwendungen durchgeführt. 1955 wurde die medizinische Einrichtung aufgegeben und ist heute verfallen. Vor dem zweiten Weltkrieg warb man mit folgendem Reim: "Suchst Du Erholung für wenig Geld, so komm ins Bio-Bad Wallefeld. Als schönstes Walddörfchen ist es bekannt, im ganzen Oberbergischen Land."

Im Hintergrund rechts auf dieser Aufnahme von etwa 1934 ist die Wallefelder Dorfschule gut erkennbar. Sie wurde als zweiklassige Volksschule von 1892 (bis 1928 einklassig) bis 1969 betrieben. Davor war die Schule in einem Gebäude an der Oberdorfstraße untergebracht.

Hahn

Gruß aus Hahn bei Ründeroth

Die 1915 versandte Postkarte zeigt die Wirtschaft der Witwe Glörfeld in Hahn. Für die Aufnahme war sogar die Bedienung, wahrscheinlich einschließlich der Inhaberin, angetreten. Die Karte wurde anschließend mit Blumenskizzen verziert. Das Haus Glörfeld ist heute noch vorhanden.

Wahlscheid

Inmitten von Wahlscheid führte vor dem 2. Weltkrieg Karl Meyer seinen Gasthof und Sommerfrische. Das stattliche Haus bekam nach dem Krieg einen Anbau, worin das zweite Lebensmittelgeschäft in Wahlscheid eingerichtet wurde. Um die Einmündung der Wahlscheider Straße zu verbessern, wurde dieser in den 80-er Jahren wieder abgerissen und die beiden inzwischen großen Buchen gefällt. Heute ist in dem Gebäude der Königreichsaal der Zeugen Jehovas untergebracht. Links im Hintergrund ist das Haus Berghaus zu erkennen.

Dörrenberg

Mit einer älteren Postkarte der Pension Bertram in Dörrenberg übermittelt im August 1950 eine Urlauberin Grüße nach Solingen. Dabei äußert sie sich begeistert über das Essen und berichtet, dass der Pensionspreis pro Tag inkl. Mahlzeiten DM 5,50 beträgt.

Osberghausen

Wie auch in jedem anderen oberbergischen Dorf prägen um 1910 Nutzgärten den Dorfrand von Osberghausen. Rechts der Ortsteil Bingenhof (Blick in Richtung Wiehlmünden), der den Ursprungskern der Besiedlung dieses Teils des Aggertals darstellt.

Die Spinnerei Baldus, die 1886 als einer der ersten Betriebe im Oberbergischen mit einer Turbine Strom produzierte, beherrscht im ersten Jahrzehnt des 20. Jahrhunderts das Ortsbild von Osberghausen. Auf der Höhe ist der kleine Weiler Dörrenberg zu erkennen.

1915 wurde nach der Neutrassierung der Bahnstrecke das heutige noch eindrucksvolle Viadukt über die Schienen und die Agger gebaut. Das große Gebäude links am oberen Ortsrand ist die alte Schule, die davor als Villa der Industriellenfamilie Baldus genutzt wurde.

Vor 1911 führte die Bahnstrecke über die Straße mitten durch den Ort. Der Lokführer mußte den Zug durch Läuten und Pfeifen ankündigen. Rechts die Metzgerei Kranenberg.

Von der Zeppelin-Manie in den 30er Jahren wollte auch der Dorffotograf profitieren. In die Aufnahme vom Ort montierte er deshalb das Luftschiff „Graf Zeppelin", das aber in Wirklichkeit – jedenfalls zum Zeitpunkt der Aufnahme - nicht dort war.

Noch vor dem ersten Weltkrieg wurde diese auffällig gestaltete Ansichtskarte nach Bonn verschickt. Unter den einzelnen Motiven aus dem Bereich Wiehlmünden und Osberghausen ist die Aufnahme des alten Wiehlmündener Hammers hervorzuheben, der am Standort des heutigen Dorfgemeinschaftshauses lag. Die vom Postkartenhersteller als Schmetterling verwendete junge Dame ist nicht nur für die damalige Zeit aufreizend gekleidet, sie hat sogar eine Zigarette in der Hand. Also alles andere als eine Ansichtskarte für gesittete Bürger des Kaiserreichs!

Oesinghausen

Oesinghausen weist Anfang des 20. Jahrhunderts eine Kleinbahn am rechten Talrand auf, die bis zum Steinbruch in der Mitte des Lambachtals reichte. Die Hauptgleise unterhalb des Ortes verliefen damals noch auf dem Niveau der heutigen Straße.

Oesinghausen bei Osberghausen / Bez. Köln

Oesinghausen und das Aggertal zur Zeit des 2. Weltkrieges. Die Obstwiesen um den Ort herum sind heute nur noch in Resten vorhanden. Die Bahnstrecke läuft schon in Dammlage und doppelgleisig am Ort entlang. Der Aggerstau existiert noch nicht.

Im engen Lambachtal zwischen Oesinghausen und Rodt wurde Anfang letzten Jahrhunderts mächtig „in der Erde gewühlt". Die „Lambacher Steinbrüche u. Pulver Werke" werben auf dieser 1913 nach Belgien versandten Ansichtskarte mit ihrer Steinbrecher-Anlage, in der Schottermaterial hergestellt wurde. Über die Kleinbahnstrecke wurde es zur Bahnverladung nach Oesinghausen gebracht. Oben am Haldenrand stehen die kleinen, dreieckigen Kipperhütten, in denen Pflaster- und Mauersteine mühsam aus den Felsblöcken herausgearbeitet wurden.

Bildnachweis

Seite 61 oben: K. Niebel
Seite 62 unten: H.-O. Müller

Alle anderen Abbildungen stammen von den Autoren.